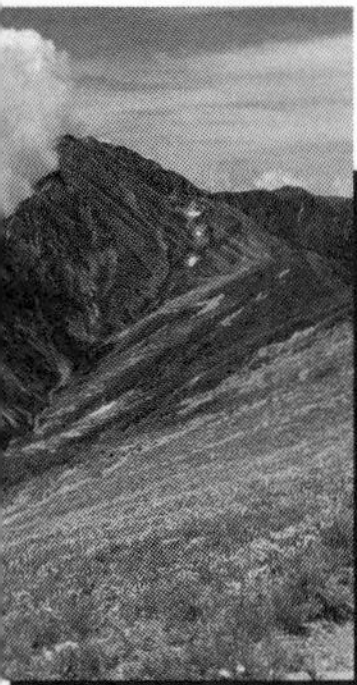

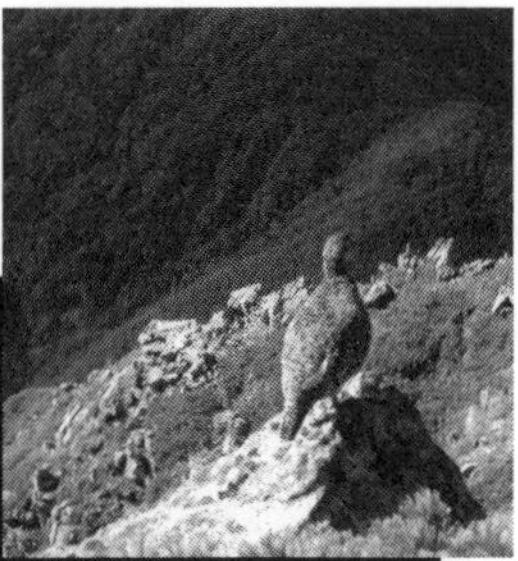

リニアが壊す南アルプス

エコパークはどうなる

「ストップ・リニア！訴訟」原告団
南アルプス調査委員会［編著］

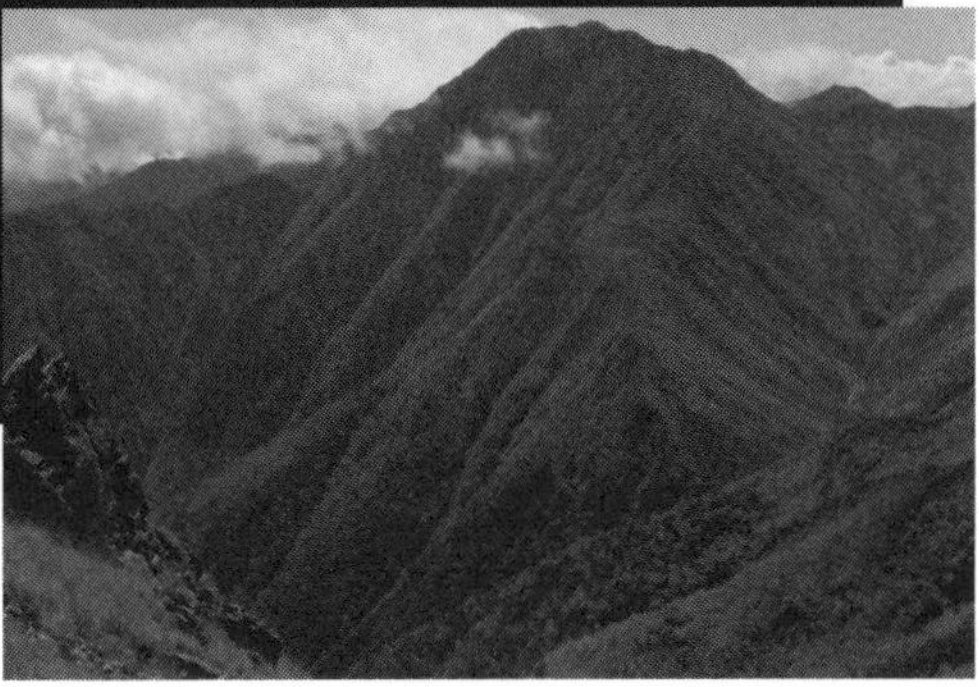

緑風出版

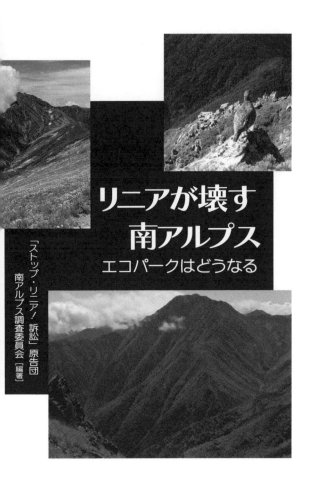

リニア中央新幹線のルート

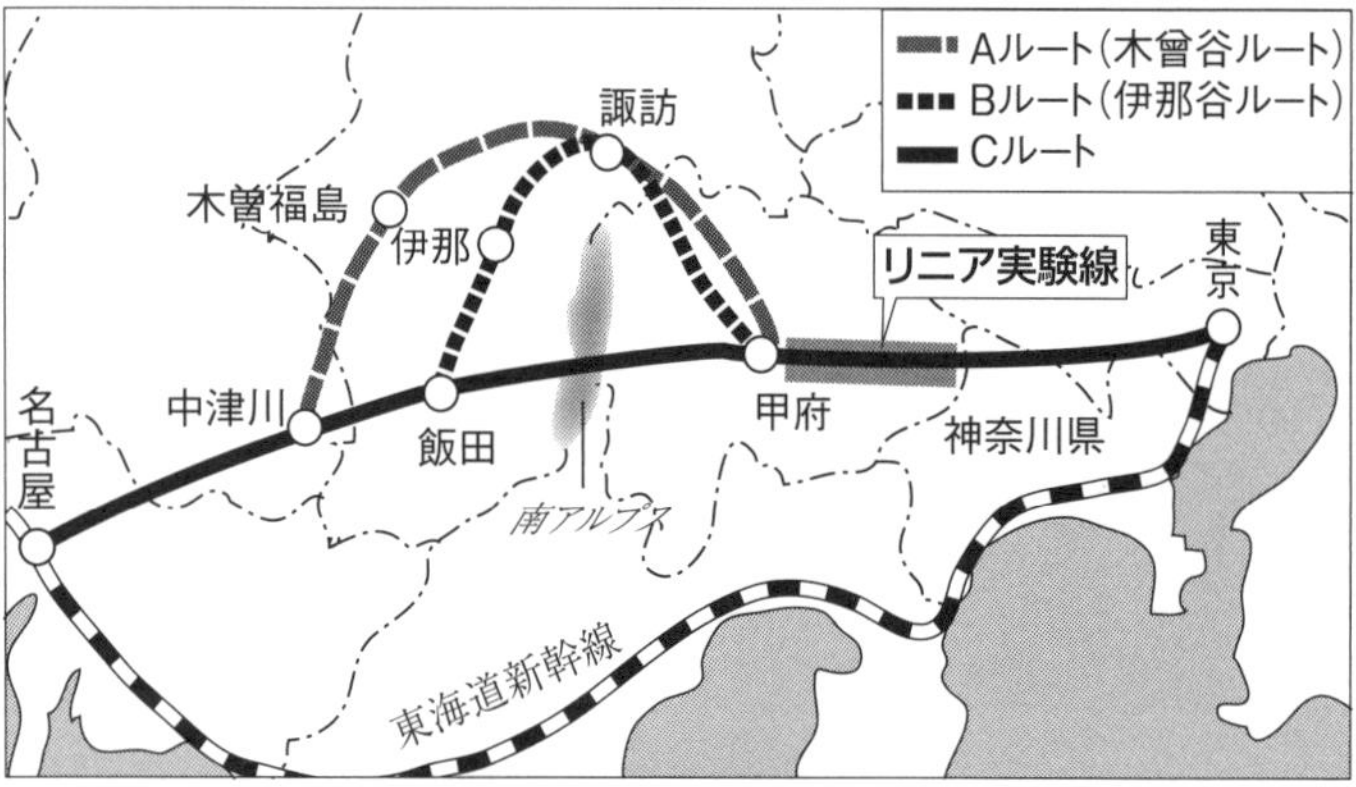

（出典）『朝日新聞』二〇〇八年七月二十四日付をもとに作成。

リニアのルートは当初、３路線が検討されたが、最終的に南アルプスを直線で掘り抜くＣルートが採算の上から採用された。東京〜名古屋間を最短で結びたいＪＲ東海にすれば、はじめから予定されていたルートだったと言えよう。
出所：リニア・市民ネット・編著『総点検・リニア新幹線［問題点を徹底究明］』緑風出版より

はじめに

二〇二〇年一月一九日、「ストップ・リニア！　訴訟」原告団と「リニア新幹線沿線住民ネットワーク」の共催によるシンポジウム「南アルプスにリニアはいらない」が、川崎市の麻生市民会館において開催された。発言者は五十嵐敬喜氏（法政大学名誉教授、弁護士）、辻村千尋氏（元日本自然保護協会保護室長）、塩坂邦雄氏（地質学者、静岡県中央新幹線環境保全連絡会議委員）の三名で、川村晃生氏（原告団長）が進行役をつとめた。

シンポジウムは二一五人の参加者のもと、熱気を帯びた集会になったが、それぞれの発言者からは、ＪＲ東海の南アルプスについての調査不足の指摘がくり返され、不十分かつ不備とも言える対策がしばしば指摘された。

その中で世界遺産に造詣の深い五十嵐氏から、エコパーク登録されている南アルプスにトンネルが掘られたら、エコパーク登録にも支障が出るのではないか、とすればその問題をこちらでも検討し裁判に生かすべきではないかとの発言があった。
それを受けて訴訟原告団は、さっそく南アルプス調査委員会を発足させた。メンバーは南アルプスに絡む三県から四名を選出し、議論を重ねながら報告書の作成にとりかかった。

最終的にまとまった構成は次のとおりである。

第一章　南アルプスエコパークの特異性
第二章　南アルプスエコパークの普遍的価値
第三章　世界自然遺産とエコパークの相違点と関連性
第四章　リニア新幹線と南アルプス　環境アセスメントをめぐって
第五章　リニア新幹線は南アルプスのエコパーク登録に何をもたらすか

本冊子は、裁判官をはじめ、リニア問題に関心を寄せる一般の人々にも読んでもらえるよう、分量的にも内容的にも見合うものになっているのではないかと考えている。「ストップ・リニア！ 訴訟」の今後の展開の上でも本冊子が有効に働き、また原告、サポーターを始め多くの人々がこの問題に関心を寄せてくれる契機となれば、作成に携わった私たちのささやかな努力も報われることになる。

二〇二〇年一二月二〇日

「ストップ・リニア！ 訴訟」原告団南アルプス調査委員会
春日昌夫（長野）
川村晃生（山梨）
楠原美鶴（山梨）
芳賀直哉（静岡）

リニアが壊す南アルプス——エコパークはどうなる——◉目次

第一章

南アルプスエコパークの特異性

1▼南アルプスの概要

南アルプスは日本列島のほぼ中央に位置している。諏訪湖を頂点とした富士川と天竜川に挟まれる南北に一〇〇km以上幅が五〇kmにわたる山岳地域を、明治初期に日本政府によって招かれたドイツ人地質学者ハインリッヒ・エドムント・ナウマンは「赤石楔状地《せつじょうち》」とよんだが、その中核の山脈が南アルプスである。山系でいうと甲斐駒《かいこま》・鳳凰《ほうおう》山系、白根山系、赤石山系になる。これらの山系には、富士山に次いで日本第二の高峰である北岳（三一九三m）をはじめ、標高三〇〇〇mを超える高峰が一三座存在する。またこの標高の高い地域の主要な部分は南アルプス国立公園に指定されている。最近一〇〇万年間で急速隆起しており、現在も隆起活動が続いている。また南アルプスには氷河地形が残存している。

南アルプスの特徴の一つとして、山塊の大きさと広大さがある。そのため、北アルプス・中央アルプスに比べて開発や調査研究が進んでいない。また、山岳地域としては日本列島の南部にあたるため、暖帯から寒帯まで幅広い気候帯を持つとともに、太

南アルプスV字谷最深部、赤石沢門の滝（2018 年竹本幸造氏撮影）

平洋側の多雨による深いV字谷と広大な山塊は、多種多様な動植物の生育環境となっている。

2▼南アルプスの特異性

南アルプスの最大の特異性は、山地の隆起と崩壊という二つの点に絞られる。最近七〇年間の測地測量データでは、赤石山脈は年間約四㎜以上の速度で隆起している。たとえば間ノ岳は一九九一年までは標高三一八九mとされていたものが、二〇一四年には三一八九・五mが測量され、標高三一九〇mに変更された。また鳳凰山は一九九一年までは標高二八四〇mとされていたものが二〇一四年には二八四〇・七mが測量され、標高二八四一mに書き変えられている。この隆起の速さは日本では最速、世界でもトップレベルであると言われている。またその作用にともなって、山地が削られていく速度も世界有数である。赤石山脈は低緯度の温暖多雨地域の山岳地帯であるため、地形が流水による侵食・運搬によって形成されている。山脈のいたるところ

山の標高の変化

山名	地図における最高地点の状況	標高	「日本の山岳標高一覧―1003山―」の標高		
			平成3年以前の標高（m）	更新年	標高（m）
駒ヶ岳	標高点	2967	2966		2967
仙丈ヶ岳	三角点	3032.9	3033		3033
観音ヶ岳（鳳凰山）	三角点	2840.7	2840	平成26年	2841
北岳	※測定点	3193	3192	平成16年	3193
間ノ岳	三角点	3189.5	3189	平成26年	3190
西農鳥岳	標高点	3051	3050		3051
塩見岳	三角点	3047.3	3047		3047
荒川岳（中岳）	三角点	3083.7	3083	平成26年	3084
赤石岳	三角点	3120.5	3120	平成26年	3121
聖岳（前聖岳）	標高点	3013	3013		3013

※測定点：最高点を写真測量又は現地測量により測定した値
（国土地理院作成。加地章郎氏より御教示を得た）

で大規模な崩壊も進んでおり、南アルプスやその周辺で見られる「ナギ」や「クズレ」が付く地名は、崩壊地であることに由来している。急激な隆起とそれに伴う崩壊は、それによって生じる地形や人々の生活への影響も含めて南アルプスの特徴であると言える。さらに南アルプスは、崩壊よりも早い速度で現在も隆起し続けている。

ではいったいなぜ南アルプスでこうした現象が起っているのだろうか。それには南アルプスの成り立ちに関わる地形・地質の問題と、南アルプスの位置に関わる気象条件という二つの観点からの説明が必要である。

南アルプスの急上昇は、その骨格をなす赤石構造帯が出現する一五〇〇万年前に遡る。それは日本海が開いて西南日本弧が太平洋側に移動した時に、伊豆・小笠原弧と衝突したことに起因している。この時南アルプスは、北へ六〇km移動し、四〇度左回転して、折れ曲がる形で捩《ねじ》れてしまった。地層が波のように湾曲したいわゆる褶曲《しゅうきょく》山脈とされるものである。そのため地質構造が、長野県の小渋川を境に大きく反転してしまっている。

さてその地層であるが、付加体といわれるもので、性質が異なる多様な岩石から構

崩れやすい地質帯

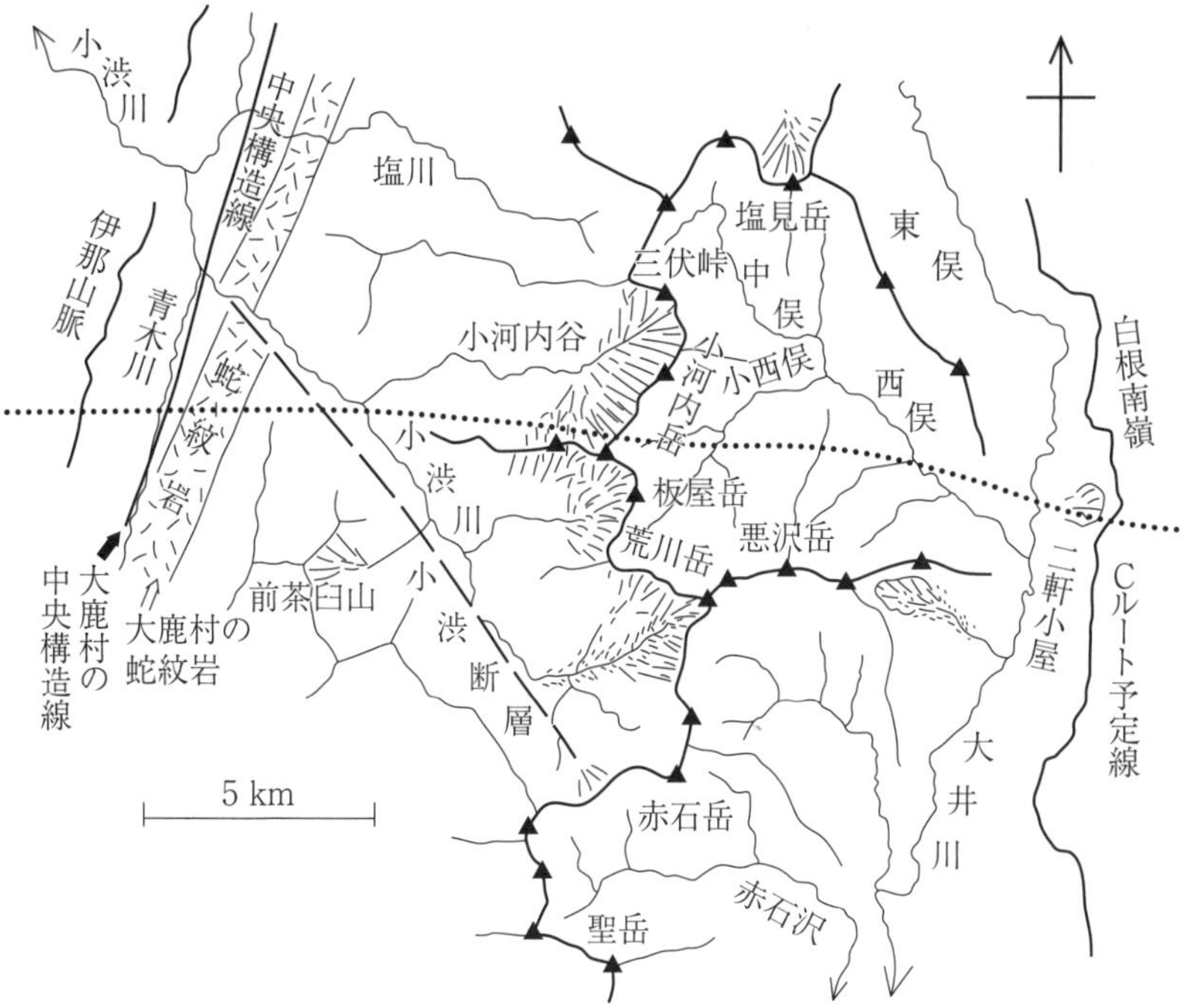

出典）リニア・市民ネット編著『危ないリニア新幹線』緑風出版より

成されている。多くは深海底に堆積した泥岩であるが、これに砂岩、チャート、緑色岩、石灰岩などが不連続に混在しているため、一般に混在岩とかメランジュと言われているものである。そしてそのメランジュ帯中に充満している超高圧の山体内地下水が南アルプスを支えているのであり、南アルプスは岩石によって支えられているのではないのである。また南アルプスには断層破砕帯が多く、糸魚川─静岡構造線や中央構造線をはじめとして、笹山構造線、椹島《さわらじま》断層、仏像構造線その他たくさんの断層破砕帯が認められる。南アルプスはこのような成り立ちをしているために、地層の連続性がなく、大小さまざまな混在岩から成るメランジュ層であるため、きわめて崩壊しやすい性質を帯びている。一例を挙げれば、かつて大井川源流近くの西俣で、ダム開発のための作業道を作ったところ、すぐに崩壊して跡形もなくなってしまったことがあった。

従って大地震などを契機として、南アルプスは甚大な崩壊が起り、大谷《おおや》崩れ、赤薙《あかなぎ》、青薙《あおなぎ》、千枚崩《せんまいくず》れ、荒川前岳崩れ、光岳《てかりだけ》崩れなど多数の崩壊地が発生しているのである。そしてこの崩壊と相俟って、前述の隆起作用のために、谷が鋭角状に切り取られるよ

折り畳まれている地質構造の模式図

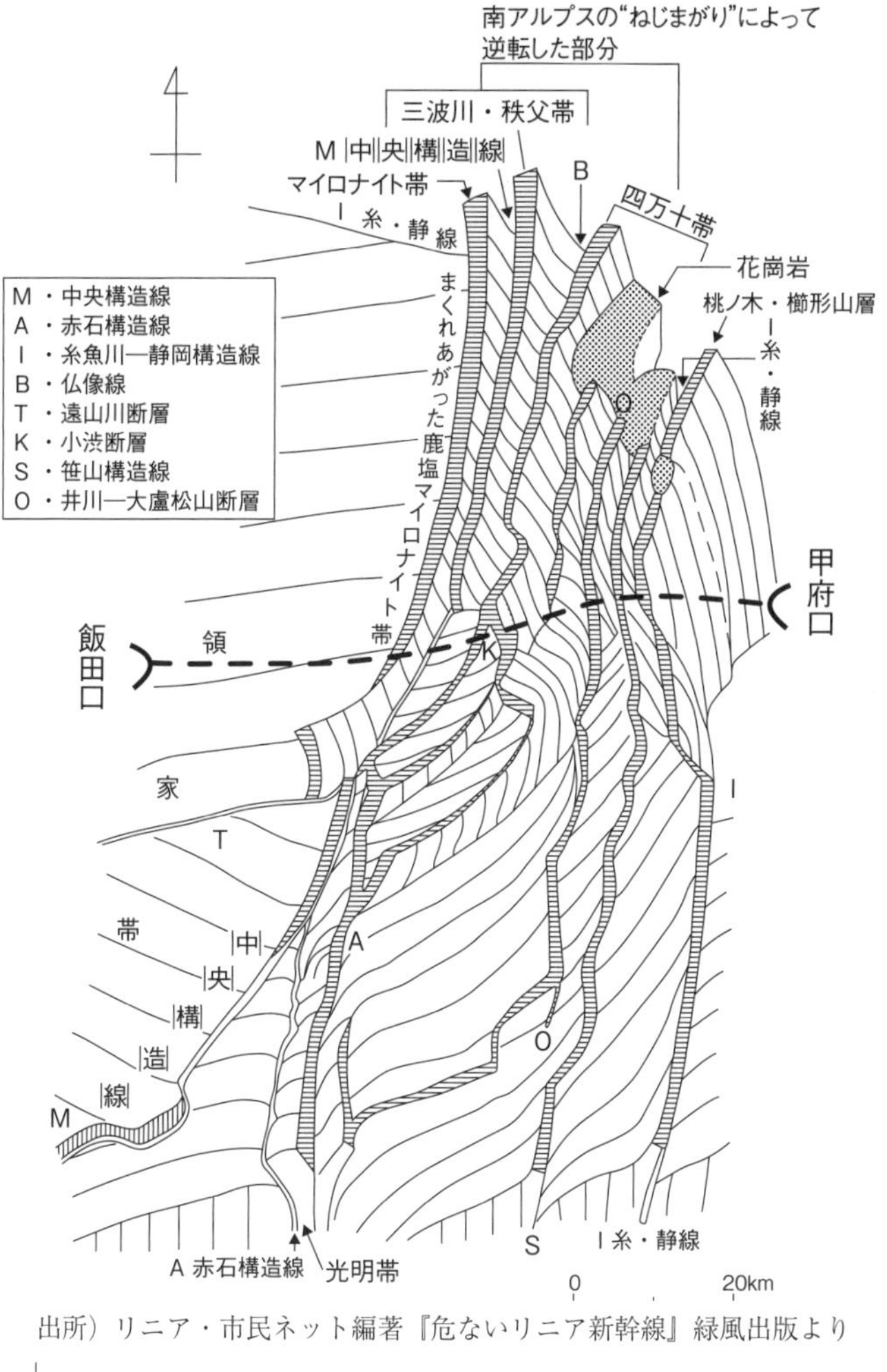

出所）リニア・市民ネット編著『危ないリニア新幹線』緑風出版より

うになりV字谷形が南アルプスの一般的な地形になっている（一三頁の写真参照）。なおこうした南アルプスの地形・地質については松島信幸の詳しい調査研究がある（末尾の参考文献表(8)(9)参照）。

さてさらにこれに、多雨という気象条件が輪をかけることになる。日本列島の気象は、本州の中心的骨格をなすとも言える脊梁《せきりょう》山脈によって日本海側と太平洋側それぞれに特有の異なった気候がもたらされることに特徴がある。そして言うまでもなく南アルプスはその脊梁山脈の中心部にあって太平洋側に位置していることから、次のような独特の気象を発生させている。すなわち海に近いことから太平洋の湿った大気が、南北一〇〇㎞、高さ三〇〇〇ｍの壁のような南アルプスにぶつかり、大量の雨を降らせるのであり、日本でも屈指の多雨地帯となっているのである。それは、わが国でもトップレベルの年間降水量が観測される三重県の尾鷲《おわせ》（三九二二㎜）に比して、南アルプスは決してそれに劣らぬ降水量が観測されていることからも理解される。たとえばそれを南アルプス周辺の河川流域の観測データによって示せば、野呂川、早川流域（山梨県）では二〇〇〇〜二三〇〇㎜、多い年では三〇〇〇㎜以上、井川（静岡県）では三一二〇㎜、年によっては四〇〇〇㎜以上という報告があり、きわめて大量の雨がもたらされる地域であることが明らかである。またこの大量の雨が、南アルプスの周辺に大小たくさんの河川を走らせることになる。山梨県では野呂川、早川が富士川に流れ込み、静岡県では安倍川、大井川という大河が形成され、長野県では、小渋川、青木川、鹿塩川《かしおがわ》が合流して天竜川に注いでいる。

そしてこの多雨という特徴的気象が、南アルプスを支える山体内地下水を蓄え、豊かな森林植生とそれに基づく生態系を支え、さらには崩壊とV字谷という地形的性質を作り上げているのである。地質的に脆い山は雨に削られ、谷を流れる大量の水はますます谷を刻んで、山の隆起と相俟って南アルプス独特の地形が作られていると言えよう。

3▼南アルプスの植物相

温暖な太平洋岸に近い場所にあって三〇〇〇m級の山々を持つ南アルプスは、日本の高山帯の中で最も南に位置しており、日本で氷河が存在した最も南の場所でもある。そのため南アルプスが氷河とともに南下してきた植物の生育地の南限となっている種が多数みられる。また「氷河期の遺存植物」と呼ばれる植物も多数生育している。「氷河期の遺存植物」とは、氷河期に大陸と日本が陸続きであった頃、わたってきて分布を拡大したものの、氷期（氷河期の中でも特に寒い時期）の終わりとともに徐々に行き場を無くし、最終的に日本の高山帯で生き残った植物たちである。

その中でもキタダケソウは南アルプスのシンボルであり、北岳山頂部のしかも南東面の石灰岩分布地に限定して見られる。北岳以外では、朝鮮半島に分布するウメザキサバノオと同一種とする見解はあるが、北海道で変種のヒダカソウ・キリギシソウがある以外には見られない珍しい植物であり、一九九四年一月には「特定国内希少野生動植物種」に指定されている。

また一九九四年一二月には「北岳キタダケソウ生育地保護区」が指定され、生育地への立入が制限されている。このほか、南アルプスで見られる氷河期の遺存植物としては、チョウノスケソウ、ムカゴトラノオ、タカネマンテマ、ムカゴユキノシタがあり、これらは周北極地方などにも分布するが、いずれも日本における生育地の南限は南アルプスとなっている。これらの植物は地史の主要な段階を表す顕著な見本となっており、学術的にも大変重要である。

既存文献調査の結果では、一八〇種類もの南限となっている種が南アルプスで生育している。南限の種は個体数が少ないことが多く、南アルプスの独自の遺伝子を持つ重要な個体群であり、その存続は多様な遺伝子を持つ種の存続にも大きな影響を与えるとみられている。こういった高山植物は、今後地球温暖化が進行した場合、これ以上の逃げ場が無いため絶滅してしまう可能性が非常に高いと考えられる。

南アルプスには世界的にみても、南アルプスにしか生育しない固有種、あるいは南アルプス以外でも一～二の山岳・山域などにしか見られない限られた分布域を持つ準固有種がある。

南アルプスの標高八〇〇m以上に生育する植物は既存文献の収集・整理・専門家への意見聴取の結果、一六三五種が確認されている。そのうちの約二七%に当たる四四一種が絶滅のおそれのある種で、ＩＣＵＮ（国際自然保護連合）や環境省のレッドリストには、ヤツガタケトウヒ、ヤシャイノデ、アカイシリンドウなどが「絶滅危惧種」として掲載されている。

また南アルプスの森林植生は、森林限界の標高が高いこと、低緯度で夏季降水量が多いため、亜高山帯以下では鬱蒼《うっそう》とした広大な天然林が発達していることが特徴である。南部はアプローチが難しいことから、調査研究の分野において進行が遅れているが、調査により南アルプスの特殊性や独自性が新たに発見されている。

山地帯（落葉広葉樹林帯・標高八〇〇〜一六〇〇m位）にはブナ林、ツガ・ウラジロモミ林が見られ、寸又《すまた》川、三峰《みぶ》川、野呂川などの流域には原生林が残っている。寸又川流域の一部は「原生自然環境保全地域」として保護されている。

亜高山帯（常緑針葉樹林帯・標高一八〇〇〜二八〇〇m位）にはシラビソ林、コメツガ・ウラジロモミ林、ダケカンバ林が見られる。野呂川越上部、野呂川両俣付近、荒川岳南東面などに生育する。

高山帯（標高二八〇〇m位以上）にはハイマツ群落や高山植物群落などが見られる。ハイマツ群落は南アルプス最南端の光岳に近い山域が「世界の分布域の南限」である。

悪沢岳のお花畑（Pakutaso フリー画像）

ハイマツ帯はライチョウの繁殖地として欠かせない環境となっている。

南アルプスは山の稜線が南北に連なり、稜線から西へと降りる斜面は比較的緩やかだが、東側は急になっている。西斜面から山の稜線上にかけては厳しい環境の風衝地《ふうしょうち》（風が強く吹きつける所）で、ハイマツ群落やキバナシャクナゲなどが群落を作っている。

一方稜線の東側には、風衝地の飛ばされた雪が吹き溜まって雪渓ができ、乾燥に適応した種が雪渓の跡地に咲いてお花畑を形成する。仙丈ヶ岳では氷河によって削られたカール（圏谷）の底や稜線にシナノキンバイなどが、荒川岳一帯、北岳でも斜面に花々が次々と咲き乱れる（二五頁の写真参照）。

前項にもある通り南アルプスには崩壊地が多数ある。その上部は絶壁をなす岩場で、乾燥に耐えるイワベンケイなどが生育し、土砂や礫《れき》（小石《こいし》）の斜面には根を深くまで伸ばすタカネビランジなどが生育している。

また主に西側（長野県側）にみられる石灰岩地は、植物の生育に適するとはいえないアルカリ性土壌であるが、シライワシャジン、ヤツガタケトウヒ、などが生き残ってきた。

4 ▼南アルプスの動物相

南アルプスに生息するライチョウは、本州中部の高山帯に限って分布している日本固有亜種である。日本の生息数は、北アルプスに二三〇〇羽、南アルプスに七〇〇羽の計三〇〇〇羽であり、北岳では二〇年前の四割まで減少したと言われている。ライ

高山植物の中を歩くライチョウ（2013年竹本幸造氏撮影）

チョウは氷河期に分布が広がり、その後氷河が退いたときに日本の高山に残り分化が進んだと考えられる、「氷河期の遺存動物」の一種である。ライチョウの種としての生息域は日本が最も南であり、さらに南アルプス、特に光岳やイザルヶ岳が世界での生息地の南限となっている。ライチョウは、標高二四〇〇m以上の森林限界より上、高山帯の主にハイマツ群落や雪田の中などに生息し、冬でも高山帯から下りることなく過ごす。ライチョウは「種の保存法」に基づく国内希少野生動植物種に指定されていているとともに、昭和五九年には、国設北アルプス鳥獣保護区（一一万〇三〇六ha、うち特別保護二万五三四九ha）が設定され保全が進められている。また昭和三〇年には国の特別天然記念物に指定されている。しかし二〇〇四〜二〇〇五年度の調査では、一九八一年の調査時に比べ、個体数が三分の一以下に激減していたとの報告がある。その生息環境は、登山客・観光客によるお花畑のかく乱や、ごみの増加、キツネ・猛禽類等の天敵の増加、病気や寄生虫の増加、高山帯における観光開発による生息地の減少や分断といった要因によって生息環境が悪化していると考えられている。そのため、環境省のレッドリストおよび静岡県のレッドデータブックでは絶滅危惧Ⅱ類（絶滅の危機が増大している種）に指定されている。

本州に生息している九種の「高山チョウ」のうち七種が南アルプスに分布しており、生息地の南限となっている。またテカリダケフキバッタは南アルプス南部の光岳付近でしか確認されていない。

静岡県大井川の源流域から上流域にかけての渓流や山梨県野呂川には、日本における淡水魚の中で最も上流域に生息する魚で冷水を好むヤマトイワナやアマゴが天然分布している。また、二五年以上前に流水環境で発見され、静岡県と長野県の赤石山脈南部のみで確認されている日本固有種であるアカイシサンショウウオは繁殖や習性などが全く不明の希少種である。生息場所は極めて限られ、個体数も極めて少ないと考えられる。記録数が少ないので生息状況は不明だが、ある山地では湧水の量が激減したため、明らかに個体数が減少したことが確認されている。ヤマトイワナはイワナ類のうち最も南方に分布する種類で、日本固有亜種である。氷河期の遺存種で、回避性を失って高山の源流域に完全に陸封《りくふう》（陸に閉じ込められること）している。

南アルプスの標高八〇〇m以上に生育するほ乳類、鳥類、は虫類、両生類、魚類、貝類、昆虫類は既存文献の収集・整理・専門家への意見聴取の結果、三〇八五種が確認されている。そのうちの約一〇%に当たる二九六種が絶滅のおそれのある種で、IUCN（国際自然保護連合）のレッドリストには、クロホオヒゲコウモリ、ヤマネなどが「絶滅危惧種」として掲載されている。

南アルプスの動植物はそれぞれに合う気候や自然環境を見出して生育してきた。微妙なバランスの中で生き残ってきた稀有な生物ゆえに、移植や移住は極めて難しいと言えるだろう。

南アルプスには、大陸と陸続きであった時代に渡ってきた種が、その後日本列島として孤立された中で、種レベルまで分化していったため、日本固有種の昆虫が多く生息している。高山帯や亜高山帯の沢筋などに生息している高山チョウや高山ガは、ほとんどはユーラシア大陸や周ベーリング海地域に分布している種で、南アルプスが最南端の生息地である。そのなかでもチョウ類については、特徴的な個体群として亜種に分けられているものが多くみられる。亜高山帯以下での蛾《が》類の調査は決して十分ではない。山地帯上部から亜高山帯にかけては調査が必要である。

南アルプスは、分布が限られている固有種や絶滅危惧種を含む生物の多様性の保全にとって特に重要な生息地である。

なお以上の南アルプスの動植物については、『〈改訂版〉南アルプス学・概論』（平成二二年、静岡市）を主に参照し、山梨県・長野県の南アルプスエコパーク構成市町村の発行文書等に拠ってまとめた（末尾の参考文献⑴⑵⑶⑹など）。

悪沢岳から赤石カール、赤石岳を望む（2018年竹本幸造氏撮影）

5▼南アルプスの景観

南アルプスは、わが国第二位、第三位の高峰北岳、間ノ岳を抱える雄大な山脈である。その雄姿は遠方から望むだけでも感動的であるが、とりわけ冬期の山頂一帯に雪を被った姿は澄んだ青空のもとにくっきりと浮び上って、圧倒的な存在感を見せている。そのため周辺各地には、ビューポイントとも言うべき地点が点在し、観光客の人気を集めるが、一方在地の人々にとっても季節の変化を示す日常の風景の重要なアクセントになっている。

さて南アルプスが深海底から隆起し、現在も隆起と崩壊が進行しているという事実は、南アルプスの景観に独自な要素を付与し、他の山岳とは異なる景観を提示せしめている。たとえば間ノ岳や仙丈ケ岳、また荒川岳一帯には、氷河によって削られた地形であるカール（圏谷）が見られ、また上河内岳と茶臼岳の間には広々とした草原になっている亀甲状土《きっこうじょうど》（周氷河地形）が、さらに光岳には直径四〇～五〇㎝ほ

荒川岳から見た雪の赤石岳（2013 年宗像充氏撮影）

どの土まんじゅう形状の、アースハンモックと呼ばれる周氷河地形が見られるなど、氷期の遺物とも言える多彩な景観が残存しており、それらはわが国において南限とされている。

また甲斐駒ケ岳は花崗岩から成り、夏でも山脈が白く、白いピラミッドのような景観を呈しているが、その南に連なる鳳凰三山（地蔵ヶ岳、観音岳、薬師岳）にも独特な景観が見られる。すなわち地蔵ヶ岳には、花崗岩が風化した「賽《さい》の河原」があり、そこからは大空に向って立つ大岩塔（オベリスク）が望める一方、薬師岳には風化した白い花崗岩が点在する中にハイマツやダケカンバの緑が映え、日本の海岸に見られる「白砂青松」が山岳部に現出したかのような錯覚を覚えさせる。このような白色を基調とした山岳景観とは対照的に、赤石岳の一部にはラジオラリアチャート（放散虫の化石を主体とする地層）で構成された一帯があり、赤色を呈して山名の由来ともなっている。これに加えて崩壊地も南アルプスの特異な景観に数えられるが、それについては第一章－２「南アルプスの特異性」の章で触れたとおりである。

一方南アルプスは、該地固有の植物種によって、独自のお花畑の景観を造形している。

南アルプスの植物の特異性は第一章－3に詳述したが、それらの草花によって、南アルプスには美しいお花畑が多様な彩りを見せている。その中から代表的な山を取り上げれば、シナノキンバイやハクサンイチゲ、ハイマツなどで構成される仙丈ケ岳や間ノ岳、タカネマツムシソウ、ハクサンフウロなどで構成される塩見岳、イワオウギが主たる構成要素になる悪沢岳《わるさわだけ》から千枚岳にかけての一帯などがある。このように南アルプスは、他の山岳地帯では見られない独自の景観を作り出していると言えるのである。

なお本節は、『南アルプス学術総論』（末尾の参考文献(1)）を参考にして記した。

第二章

南アルプスエコパークの普遍的価値

以上述べたように、南アルプス造山活動や生物相の特異性は保全すべき普遍的価値を有していると言える。すなわち南アルプスの急速な隆起現象と崩壊現象、また生物相について言えば、あまたの南限種や絶滅危惧種、さらに固有種や準固有種がそれにあたる。そしてこれらの総体の上に形象される景観もそれに加えてよいであろう。こうした南アルプスの自然的特異性は、地球の成り立ちや地質の形成過程、また生物の環境への適正や進化の過程を知る上で重要な情報を私たちに与えてくれるものとして、十分な普遍的価値を持っていると断言してよい。

また、南アルプスを世界遺産として登録する前段階として、上記の三県一〇市町村は共同して二〇一三年八月に文部科学省国内ユネスコ委員会にユネスコエコパーク登録を申請し、これが二〇一四年六月にユネスコから認められたという経緯に鑑みれば、南アルプスの普遍的価値は世界遺産登録の条件とされる「顕著な普遍的価値」に準ずるものであるとも言える。

ユネスコが定める顕著な普遍的価値とは、「国家間の境界を超越し、人類全体にとって現代及び将来世代に共通した重要性をもつような、傑出した文化的な意義及び

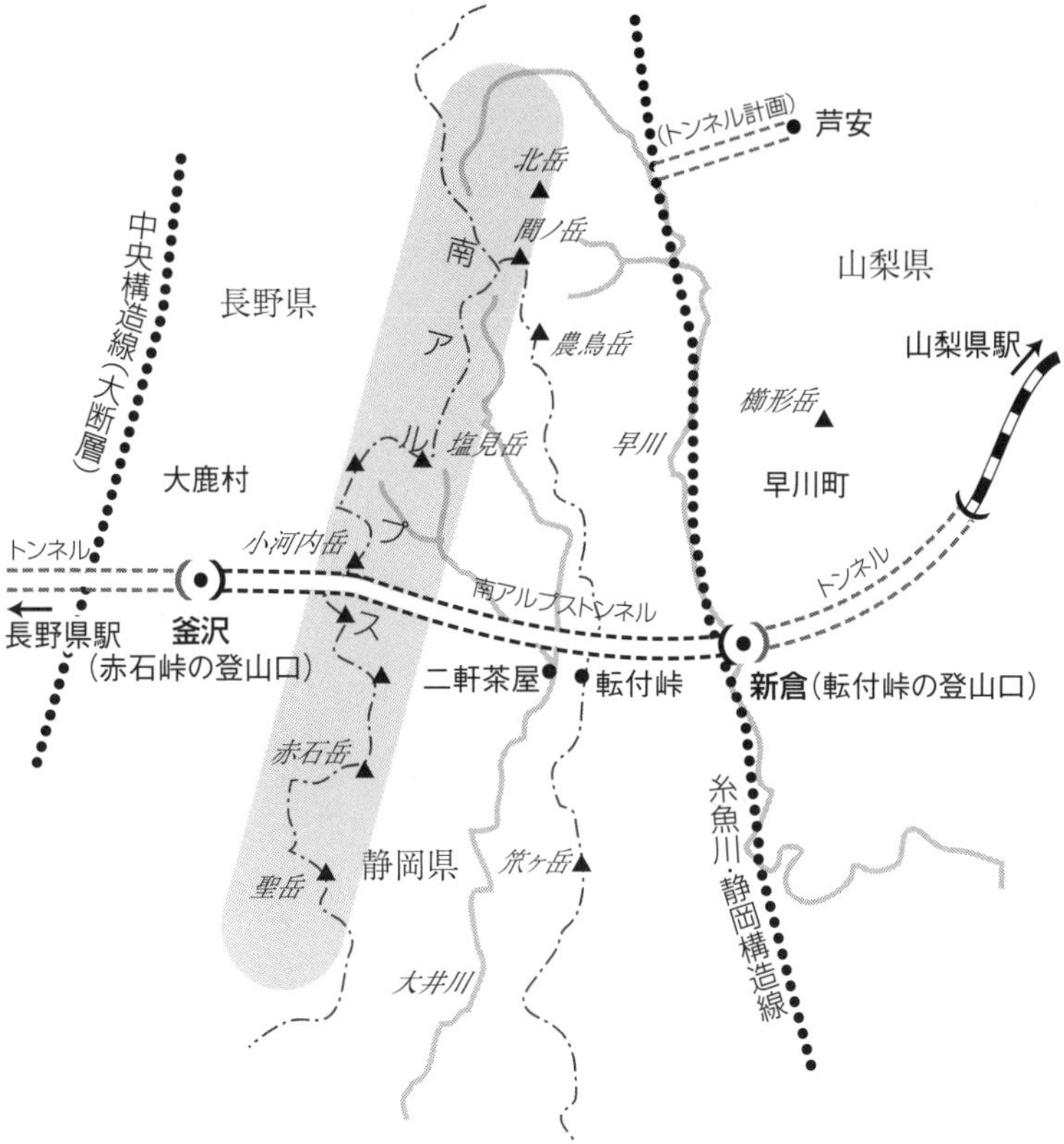

出所：リニア・市民ネット・編著『総点検・リニア新幹線［問題点を徹底究明］』緑風出版より

／又は自然的な価値を意味する。従って、そのような遺産を恒久的に保護することは国際社会全体にとって最高水準の重要性を有する」（「世界遺産条約履行の為の作業指針」四九）と定義されている。

上記定義のうち、世界自然遺産の有する顕著な普遍的価値の評価基準は以下の項目である。

○最上級の自然現象、又は、類まれな自然美・美的価値を有する地域を包含する。

○生命進化の記録や、地形形成における重要な進行中の地質学的過程、あるいは重要な地形学的又は自然地理学的特徴といった、地球の歴史の主要な段階を代表する顕著な見本である。

○陸上・淡水域・沿岸・海洋の生態系や動植物群集の進化、発展において、重要な進行中の生態学的過程又は生物学的過程を代表する顕著な見本である。

○学術上又は保全上顕著な普遍的価値を有する絶滅のおそれのある種の生息地など、生物多様性の生息域内保全にとって最も重要な自然の生息地を包含する。

○また、確実に保護を担保する適切な保護管理体制が条件となる。（「作業指針」

安倍川最上流部の大谷崩れ（2015年岩崎強氏撮影）

七七、七八）

このような評価基準に照らして南アルプスの普遍的価値を考える場合、傑出した文化的な意義や最上級の自然現象という点において、南アルプスの崩壊現象は特筆に値するものの一つと言ってよいであろう。それを示す一つの事例をここに示したい。

一九七六年に執筆が開始された幸田文の『崩れ』という紀行エッセイは、その年の五月に作者が南アルプスの一廓の大谷嶺《おおやれい》にある、安倍川最上流部の「大谷崩《おおやくず》れ」を見た時に受けた衝撃に端を発している。日本三大崩れの一つとされる「大谷崩れ」は、標高二〇〇〇mから一二〇〇mにかかる八〇〇mの高度差と、三〇度から五〇度に及ぶ急斜面と一八〇ha（甲子園球場のグラウンド約一三八個分）に及ぶ広大な崩壊地であるが、それを眼のあたりにした作者は、その時の心情を次のように記している。

「ブッブッと小石を噛んだような具合で車がとまり、ドアがあけられた。妙に明るい場所だなという感じがあり、車から足をおろそうとして、変な地面だと思った。そして、あたりをぐるっと見て、一度にはっとしてしまった。巨大な崩壊が、正面の山嶺から麓へ懸けてずっとなだれひろがっていた。なんともショッキングな光景で、あとで思えばそのときの気持は、気を呑まれた、というそれだったと思う。自然の威に打たれて、木偶のようになったと思う。とにかく、そこまでは緑、緑でうっとりしていて、突如そこにぎょっとしたものが出現したのである。

そこは昨日の安倍峠から西方へむけて続く山並だが、尾根を境にして向側はやはり山梨県になる。南を解放部にして、弧状一連につらなる山並みのうちの、大谷嶺（標高約二〇〇〇m）の山頂すぐ下のあたりから壊（つい：編者注）えて、崩れて、山腹から山麓へかけて、斜面いちめんの大面積に崩壊土砂がなだれ落ち、いま私の立っているところもむろんその過去いつの日かの、流出土砂の末なのである。五月の陽は金色、五月の風は薫風だが、崩壊は憚ることなくその陽その風のもとに、皮のむけ崩れた肌をさらして、凝然と、こちら向きに静まっていた。無残であり、近づきがたい畏怖があり、しかもいうにいわれぬ悲愁感が沈殿していた。立ちつくして見るほどに、一時の驚きや恐れはおさまっていき、納まるにつれて——いま対面しているこの光景を私はいったい、どうしたらいいのだろう、といったって、どうしてみようもないじゃないか——というもたもたした気持が去来した。」

ここには「ショッキングな光景」「自然の威に打たれて」「無惨」「近づきがたい畏怖」「いうにいわれぬ悲愁感」という心情が連綿として綴られている。そしてその衝撃的な光景が、老年を迎えた我身にとってどのような存在であり、どのような意味を持つのかを考える。

「あの山肌からきた愁いと淋しさは、忘れようとして忘れられず、あの石の河原に細く流れる流水のかなしさは、思い捨てようとして捨てきれず、しかもその日の帰途上ではすでに、山の崩れを川の荒れをいとおしくさえ思いはじめていたのだから、地表を割って芽は現れたとしか思えないのである。（中略）この崩れこの荒れは、いつかわが山河になっている。わが、というのは私のという心でもあり、いつのまにかわが棲む国土といった思いにもつながってきている。こんなことは今までにないことだ。私は自分がどんなに小さく生き、狭く暮らしてきたか、そしてその小さく狭い故に、どうかこうか、いま老境にたどりつけたと、よくよく承知している。だから何によらず、大きく広いことには手も足も出ない。今迄のうちに何度か、拡がってみたらさぞ快いだろうと、謀叛気を抱いたことはあるが、その都度、考えてみた末にでる答は、本性はなにか、ということだった。狭く細いのが本性だ、と私は判断している。それがいま、わが山川わが国土などと、かつて無い、ものの思いかたをするのは、どうしたことかといぶかる。しかし、そう思うのである。」

一読すれば、南アルプスの一つの崩壊地が幸田文という人間にどれほど大きな意味を持つに至ったか理解されるであろう。ここには風景とか景観が単にそれとして存在するのではなく、それに向き合う人間と強い関係性を持ちながら、人間の精神に直接働きかけるという、景観の文化的側面が雄弁に語られている。従ってこれは明らかに次に述べるエコパークの定款が定める「機能」の、〈社会文化的に持続可能で（中略）経済発展と人づくりを促進する〉という条文の規定に深く関わるものである。

第三章

世界自然遺産とエコパークの相違点と関連性

世界自然遺産が「世界の中で唯一無二、オンリーワンの特色ある自然を手つかずに守ること」を原則としているのに対し、エコパークは自然保護と持続可能な利用を考え、自然と人間とのお互いの関係の構築を目指した地域つまり自然と人間社会の共生ができているモデル的な地域であるとされる。

言い換えれば、豊かな生態系や生物多様性を保全し、自然に学ぶとともに、文化的にも経済・社会的にも持続可能な発展を目指す、地域づくりのモデルとして高く評価されたエリアのことである。具体的な持続可能な利用例として、山梨県南アルプス市でのNPO法人はエコツアーやキタダケソウ観察会を毎年行っている。長野県伊那市では同じくNPO法人が山村を文化的創造物と位置付け、循環的な地域作りを目指し、調査・研究・環境教育などを行っている。また、静岡県では奥大井・南アルプスの自然環境保全を継承しながら、官民一体となってエコツーリズムの実践に取り組んでいる。南アルプス国立公園の利用者は、年間で五〇～六〇万人である。

エコパークは自然を厳重に保護することを目的とした「核心地域」、自然を守りながら環境教育やエコツーリズムなどに活用する「緩衝地域」、環境と調和した暮らしや持続可能な発展を目指す「移行地域」から構成される。人間は生活するうえで、水や空気、土壌や生物資源など自然の恵みを享受している。私達人間の暮らしは自然なしでは成り立たないが、自然もまた人間を必要とする場所がある。例えば、田んぼや畑、里山、牧草地など、人間が介入することで形成された二次的自然に依存する動植物は数多い。日本にいる絶滅危惧種のうち約半数はこうした二次的自然に生息するとも言われる。人間と自然は相互に密接に連関している。

世界自然遺産とエコパークの定義上の区別はあるものの、どちらも自然環境の保全という普遍的価値を掲げる点で共通する。国内で最初に世界自然遺産に登録された屋久島がそれ以前に口永良部島《くちのえらぶ》とともにエコパークに登録されていることから見ても、世界自然遺産とエコパークは密接な関連をもつことは明白である。

ユネスコエコパークに関しては一〇年ごとに加盟地域が詳細な報告書を提出して定期的検討が行われる。その際に生物圏保存地域が基準を満たしていないと国際調整理事会が判断した場合、エコパーク登録から撤退せざるを得ないのである。

その生物圏保存地域の基準として、まず三つの機能が挙げられている。

(1) 景観、生態系、生物種、遺伝的多様性の保全機能があること。
(2) 社会文化的、生態学的に持続可能な形で経済発展と人づくりを促進する。
(3) 学術的支援として、実証プロジェクト、環境教育・研修、保全と持続可能な発展に関する地元の問題、地域的問題、国内問題、世界的問題に関する研究・調査に役立てる。

そして「これら三つの機能を含んだ上で次の三点が認められること」とある。

(a) 生物圏保存地域の保全目的、また、これらの目的を果たせる規模を保全するという目的に沿った形で、長期的な保護の対象となる核心地域が法的に形成されていること、
(b) 緩衝地帯が明確化されており、核心地域を取り囲んだり隣接する形になっており、ここでは、保全目標と両立する活動のみ行うことができること、
(c) それより外側に移行地域があり、そこでは持続可能な資源管理活動が促進・展開されていること。

さらに、下記の対策が講じられていること

(a)　緩衝地帯における人間の使用・活動を管理する仕組み
(b)　生物圏保存地域としての管理方針・計画
(c)　この方針・計画を実行するため指定を受けた当局・仕組み
(d)　研究、観測、教育、研修に関するプログラム（上記基準は「生物圏保存地域セビリア戦略と世界ネットワーク（ＷＮＢＲ）定款　二〇一二・八・二二」第三条、第四条より抜粋）

このようにエコパークの認定基準は、細かいいくつもの条件によって保全と管理を厳しく制限している。なお南アルプスのエコパーク問題については第五章において詳述する。

第四章

リニア新幹線と南アルプス

——環境アセスメントをめぐって

1▼アセスの問題点

リニア新幹線は、南アルプスに約二五kmのトンネルを掘って突き抜ける。それは、南アルプスにどのような影響を与えるのか、私たちはそれについて可能な限り幅広く正確な知見をもってこれに臨まなければならない。そしてそのために、事前の手続きとして、環境影響評価法に基づいてアセスメント（以下アセス）を実施している。本章ではこのアセスの実効性について、とりわけ南アルプスの価値を論じるにあたって重要な生態系と水環境の観点からそれを考えてみたい。

環境影響評価法（以下アセス法）は、環境基本法第一四条一項の、「生態系の多様性の確保、野生生物の種の保存その他の生物の多様性の確保が図られるとともに、森林、農地、水辺地等における多様な自然環境が地域の自然的社会的条件に応じて体系的に保全されること」という理念のもとに、それを実現化する具体的手法として定められたものである。したがってアセス法の手続きに基づいて実施されるさまざまな手法によりリニアに関して言えば、南アルプスの生態系や生物の多様性の確保が図られ、そ

リニア中央新幹線トンネル部分の南アルプス—中央アルプス通過計画図

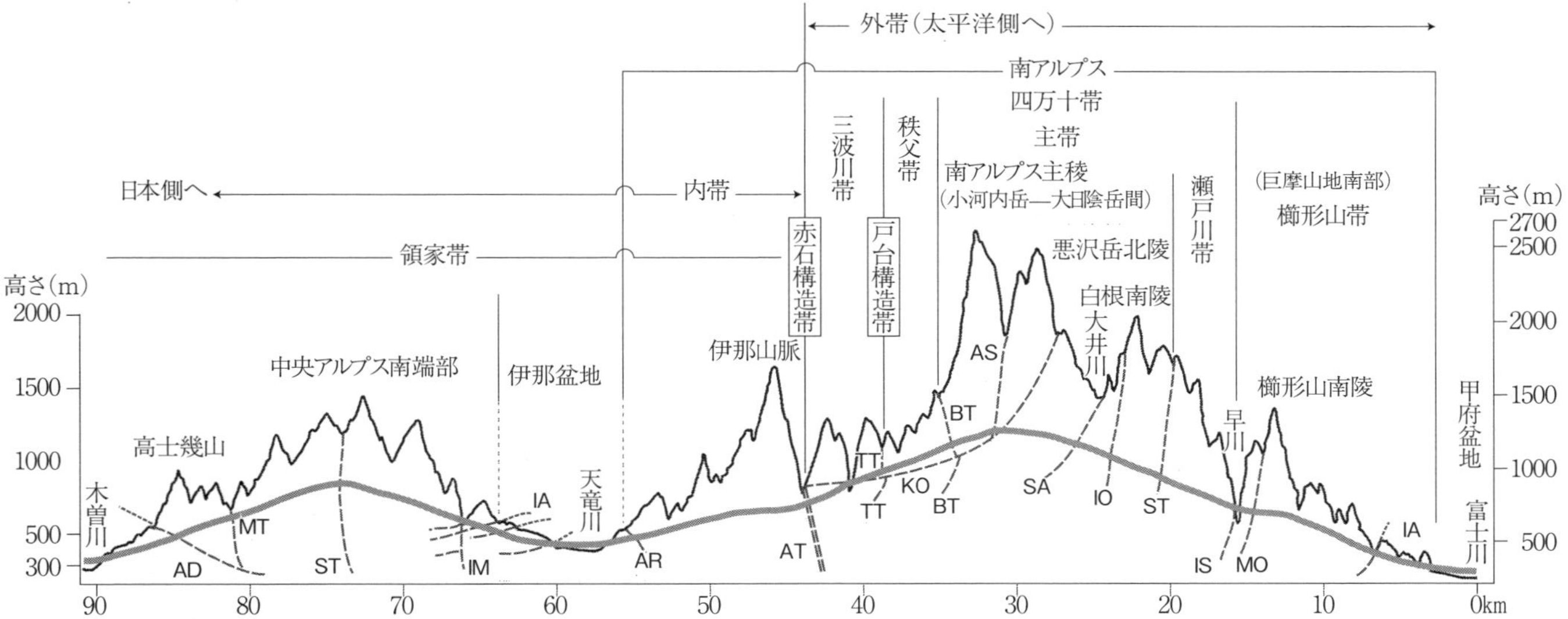

AD：阿寺断層
MT：馬籠峠断層
ST：清内路峠断層
IM：飯田松川断層
IA：伊那谷活断層帯
AR：芦部川—竜東断層
AT：赤石構造帯（北部は中央構造線に重なる）
TT：戸台構造帯
KO：小渋川断層
BT：仏像構造線
AS：赤石・白根境界断層
SA：槌島断層
IO：井川・大唐松山断層
ST：笹山構造線
IS：糸魚川・静岡構造線
MO：茂倉断層
IA：糸・静線活断層帯

トンネル計画線

（水平：垂直=1：10）（トンネル資料はJR東海による。断層・構造線は松島信幸による）
出典：『日本の科学者』Vol.49 No.10 october 2014より

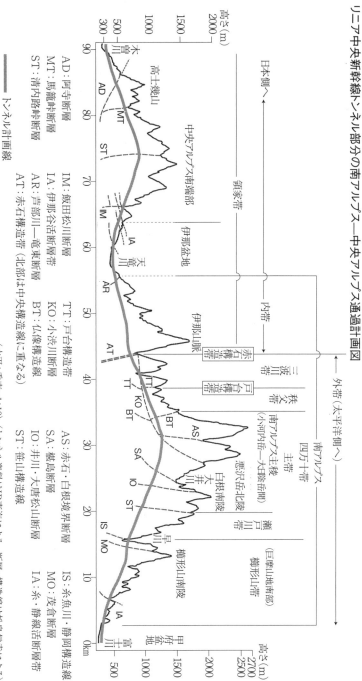

の自然環境が保全されなければならないということになる。

では南アルプスは今般のＪＲ東海によるアセスの実施によって、その保全の目的は達成されるのであろうか。以下にその点を検証してみたい。

ＪＲ東海はリニア新幹線の建設に伴うアセスを、二〇一一年六月の配慮書の作成公表から二〇一四年八月の評価書の公告・縦覧まで、わずか三年余りで片づけてしまった。総延長二八六㎞のアセスを、しかもエコパーク南アルプスに約二五㎞のトンネルを掘るという難事業を抱えながら、三年余で終了したのである。この短い時間に限定されたアセスの実施が、はたして十分な調査、予測、保全を行う上で可能な時間であったのかと言えば、とうてい首肯できるものではないであろう。

そもそもアセス方法書の段階において、駅や保守基地などの関連施設の特定もなされておらず、また水や生態系の調査も通年調査を何年にわたっても行わなければならないはずなのに、四季各一週間という手抜き調査ですませてしまっているのである。また次の準備書段階に至っても、関連施設の明確な指示はなされず、環境保全措置も具体的内容を欠いており、適切に処理するとの記載がくり返されるばかりで、どの程度影響が低減できるのかも不明のまま事後調査を行うと記すことで通してしまっている。従って準備書を読んでも、生態系や水環境がリニア新幹線の工事によってどう変化するのか、その具体的な様相はまったくと言ってよいほど伝わってこないのである。すなわち一言で言えば、このアセスは杜撰《ずさん》かつ不十分なものと言わざるを得ないということになる。

2▼準備書に対する知事意見とその回答

アセス準備書に対して、関係する各県知事はそれぞれの県民の意見等をふまえて、事業者JR東海に知事意見を提出することができる。ここで南アルプスに関係する三県（山梨県、静岡県、長野県）の知事意見を見てみよう。

(1) 山梨県知事は、「南アルプスエコパーク構想との調整」の項において次のような意見を提出している。

18. 南アルプスのユネスコエコパーク構想との調整

(1) 南アルプスのユネスコエコパーク構想等に関しては、登録申請事務局である南アルプス市をはじめとする関係する市町村と定期的に情報共有、協議を行う場（開発調整会議等）の設置について、関係する長野県、静岡県、山梨県及び市町村と協議すること。

(2) 南アルプスのユネスコエコパークの理念に鑑み、南アルプスの生態系と多様な生物相、景観、自然資源の持続可能な利活用、人と自然との共生関係への対象事業が及ぼす影響についての認識を示すこと。

(3) 南アルプスのユネスコエコパークの理念に鑑み、核心・緩衝・移行に分けたゾーニングエリアでの、非常口（山岳部）、坑口（工事用道路）、工事ヤード、発生土置き場、取付け道路などの工事関連施設による影響については、登録申請事務局である南アルプス市に情報提供し、協議を行うこと。

また、事業実施に当たっては、事業区域が核心地域、緩衝地域はもちろんのこと移行地域内にある場合であっても国際的なモデル地域で行うものであることを十分認識し、工事における環境への配慮を行うとともに、関係する長野県、静岡県、山梨県及び市町村と事前に工事内容等について協議を行うこと

すなわち、①関係市町村との協議、②エコパークの理念に鑑みて、リニア工事が及ぼす影響についての認識の表明、③核心、緩衝、移行それぞれでの工事関連施設による影響について、登録申請事務局の南アルプス市との協議の三つの項目を提示しているわけだが、これに対してJR東海は従来そうであったように、関係諸機関への情報提供を十分に行うと答えるにとどまっている。

(2) 長野県知事はわずかに「その他」の項目を設けて次のような記載を示すにとどまる。

19．その他

山梨県、静岡県、長野県の三県一〇市町村では、南アルプスにおける将来の自然遺産登録を目標に、ユネスコの生物圏保存地域（ユネスコエコパーク）及び世界ジオパークへの登録を目指しているため、関係する市町村の意向を踏まえ、本事業の実施がユネスコエコパーク及び世界ジオパークの登録に影響がないよう十分留意すること。

すなわち、関係市町村の意向をふまえ、世界ジオパークへの登録に影響がないように留意することを望んでいるとの表明をしているに過ぎない。またこれに対し、ＪＲ東海は核心地域や緩衝地域はすべてトンネル構造であり地表部への改変はないこと、関係諸機関との情報交換に努めることなどを回答している。

(3)　一方静岡県は、知事意見として全般的事項の冒頭に「南アルプスの自然環境の保全」の項を設け、次のような見解を示している。

1　南アルプスの自然環境の保全

(1)自然環境の保全及びエコパーク登録との整合

静岡、長野、山梨の三県にまたがる南アルプスは、赤石山脈とも呼ばれ、白根三山（北岳、間の岳、農鳥岳）を中心に甲斐駒ヶ岳、鳳凰三山、赤石岳、塩見岳など標高三〇〇〇m級の山からなり、東のフォッサマグナ西縁から、西は飯田線沿いの中央構造線まで、現在隆起し続けている活動的山岳地形、風景を形成している。

赤石山脈の赤は、一億年以前から続くプレートの沈み込みに伴い付加された、昔の太平洋深海底堆積物（チャート）の赤に由来し、岩石の色である。現代科学が明らかにしてきた、日本列島の誕生の歴史を秘めているアーカイブである。ここ赤石山地の地下には、その謎を解くカギがまだまだ隠されており、この自然は、将来に残すべき重要な遺産である。

それとともに、日本列島は、現在も未来も活動的変動帯であり続け、南アルプスは、年間四㎜以上という、世界最速レベルの速度で現在も隆起している。ヨーロッパアルプスなどに比べ、岩石は脆く崩れやすく、河川の浸食による下刻作用は激しく、顕著なV字谷を形成している。山岳崩壊地は隆起速度が速いため、活動的変動帯特有の尾根が割れる線状凹地、いくつもの崩壊扇状地等の浸食が進んだ特徴的な地形が見られる。

最終氷期氷河地形の残る高山帯の自然は、時と共に変化しながら、遠くて深い渓谷や森林環境のもと、多種多様な動植物を育む、我が国の代表的な高山帯生態系の南限の象徴である。大井川、天竜川、富士川等の源流部である南アルプスの自然環境は、人が守るべき自然の仕組を学び、それと共存するため知恵を育てるために残されていると考えるべきものである。

我々には、本県にとって、貴重な自然が残されている南アルプスとの共生を考え、後世への財産として引き継ぐ責務がある。

これを果たすため、事業者である東海旅客鉄道株式会社には、南アルプスの自然を十分に理解・認識し、計画の具体化に当たっては、評価書作成の前段階から関係行政機関（注1）、地元住民（注2）、利水関係者（注3）地権者等（以下、「関係機関」という。）並びに県と協議を行うことを求める。
注1：関係する国及び市町（静岡市及び大井川流域の七市二町）
注2：主に井川地区の住民
注3：大井川に係る利水団体、利水者
さらに、工事終了後は原状に戻すことを原則として、土地改変を行う地域はもとより、本事業により環境影響の生じるおそれのある地域については、現況を写真や図面等により継続的に記録し、定期的な調査を行った結果を、県及び静岡市（以下、「県等」という。）に報告、公表するとともに、工事中はもとより、供用後も見通した環境保全措置を講じ、南アルプスの自然環境への理解及び保全への最大限の配慮を求める。
また、南アルプスに関係する静岡、山梨、長野の三県一〇市町村は、「高い山、深い谷が育む生物と文化の多様性」という理念のもと、将来の世界自然遺産登録を目標に、本年六月のユネスコエコパーク登録を目指している。

中央新幹線が地下をトンネルで横断することとなる南アルプスは、かつて林業や発電所建設等で人間の手が入った部分もあるものの生物多様性と自然環境が残されていることを踏まえ、事業者には、本事業とユネスコエコパーク登録との整合を図り、登録に向け、あらゆる阻害要因の回避に万全な対策を行うことを求める。

すなわち関係諸機関や地元住民等との協議の要請にくわえて、工事後の原状への回復やエコパーク登録の阻害要因の回避などを強く要請している。しかしこれに対して、JR東海は、わずかに「南アルプスの特異性について十分認識している」とのみ応えているに過ぎない。

さらに静岡県知事意見は建設発生土に関しても、次のように指摘している。

2 建設発生土処理における環境保全措置

本事業におけるトンネル掘削などの建設発生土の処理に伴う大規模な土地改変は、南アルプス地域の生態系全体に大きな影響を及ぼし、絶滅が危惧される希少な野生動植物の個体数減少をもたらすおそれがあることから、土地改変面積や建設発生土の量を減らす等、十分な環境保全措置を実施するとともに、適切な調査を行うことを求める。

また、建設発生土の処理に当たっては、処理量の削減を図るため、非常口（斜坑）等の計画変更を含め、再検討し、各発生土置き場の具体的な位置・規模等の詳細について、事前に関係機関と協議することを求める。

特に、発生土置き場が恒久的な施設となる場合は、土石流、地すべり、深層崩壊等の大規模な土砂移動、濁水の流出、細かい粒子の底質への堆積や外来植物の侵入なども想定し、生態系全体や景観への影響も考慮した調査を実施した上で、将来の土地利用も見据え、関係機関と協議の上、対策を講ずることを求める。

すなわち（大井川源流部に建設発生土が廃棄・処理されることから）生態系への悪影響を危惧し、処理量の削減や関係諸機関との十分な協議を要請しているのだが、これに対しJR東海は発生土置き場はすでにダム建設で開発された「移行地域」であるとの認識を示しているにすぎない。

さらに静岡市長は知事に対し、平成二六年一月に次のような意見を「付帯事項（南アルプスユネスコエコパークに関して）」において述べている。

Ⅲ　付帯事項（南アルプスユネスコエコパークに関して）

事業者は、「平成二五年九月に公表された南アルプスユネスコエコパークの計画では、当社が計画している非常口や発生土置き場などはすべて居住や経済活動が可能な「移行地域」に含まれております。」（準備書に対する意見の概要及び当該意見についての事業者の見解P31）として、ユネスコエコパークの登録理念との整合性は図られているとの認識を示している。

しかし、トンネル工事に伴い地表部に露出する構造物の存在は、多様な生態系を損ない、そこを生育・生息エリアとする動植物の観察や教育を妨げることとなる。また、体積残土や河川の汚濁が山岳・渓流景観を喪失させ、狭い山道を行き交う工事車両の往来がエコツーリズムや観光客の来訪を困難にするなど、その深刻な影響を妨げることになる。

いま、求められるのは、本年六月に予定されているユネスコエコパークの登録承認を妨げる環境影響を可能な限り回避すべく、万全の対応を図ることである。

そのため、事業者は南アルプスの自然を十分に理解・認識し、計画の具体化に当たっては、評価書作成の前段階から関係行政機関等と協議を行うこと。また、エリア全体の保全管理策や実行体制など、必要とする一連の情報やデータの提出に責任をもち、必要な場合は計画の見直しも含めてユネスコエコパークの登録実現を積極的に支援することが必要である。

我々には、南アルプスを源とした豊かな自然環境とその恵みを、後世への財産として引き継ぐ責務があり、静岡市では、その豊かな自然を保全し、価値を磨き上げることによる地域活性化・地域振興を推進しているところである。特に、南アルプス地域においては、人と自然が共生し持続可能な発展の実現に向けた取組みを推進しており、これらの取組みが他地域へも拡大し、中山間地域全体の活発な経済活動に資することを目指しているところである。
よって、本事業においても、これらの取組みに寄与されることを期待するところである。

すなわちトンネル工事による地表部への露出構造物は、生態系や景観に影響を及ぼし、工事車両の往来は観光等に深刻な影響を与えるなどの理由を挙げて、その影響を回避することに万全を図るよう要望しているのである。おそらく県知事意見はこうした意見も念頭に置いた上で作成されたものであろう。

以上のように知事意見は、静岡県の二、三の具体的事項の要請を除くと、ほとんど事業者JR東海が関係諸機関に対して協議を行うようにという要望にとどまっているのであり、エコパークの地下に長大なトンネルが掘られ、それによってどのような具体的な影響が予測されるのかの記述はない。その意味で言えば、知事意見は抽象的であり、具体的かつ個別の要望を提示しているものではないと言える。

これに対して、当時南アルプスの世界自然遺産への登録を目指していた「南アルプス世界自然遺産登録推進協議会ユネスコエコパーク推進部会」は、かなり具体的かつ個別の意見や要望をJR東海に提出している。以下にその主だった項目を列記したい。

(1) 工事後のモニタリングが少ないこと、また工事の工程が不明であること。

(2) 地下水の水位や水質の調査において、モニタリングの地点が少なすぎる。また断層付近の掘削工事の地下水の流出について水量の推定がない。

(3) 静岡県の残土処理における発生土置き場は、崩壊や土石流の可能性があるので危険である。

(4) 生態系の環境保全措置の実施に対する適否が「適」となっている場合の判断基準の科学的根拠を示すこと。

(5) 動植物については、アカイシサンショウウオ、オオタカ、クマタカ、イヌワシ、ヤマトイワナ、タカネキマダラセセリ南アルプス亜種、オサムシ、ハネカクシ、蘚苔類などの調査につき、不十分な点がある。その調査で済ませてよい科学的根拠を示すこと。

(6)　ハビタット（生息環境）の保全や変化について説明が不十分である。

(7)　糸魚川－静岡構造線新倉露頭（国天然記念物）と工事用道路が至近であるので視界から遠ざけること。大河原からの赤石岳眺望への景観破壊、大鹿村や富士川町建設予定地の送電線の地中化、日向休みの橋梁付近の御荷鉾緑色岩《みかぼりょくしょくがん》体の露出景観の阻害などの諸問題につき、適切な処置を要望する。

(8)　早川町の土捨て場は、どこに置いても問題があるので、その影響などの具体的データを示すこと。また静岡の発生土置き場における植生の破壊につき、専門家の意見を取り入れて復元してほしい。

以上、すべてではないがこのような南アルプス及びその周辺の懸念材料がアセス準備書段階において指摘されている。

ではこのような推進協議会の意見書に対して、ＪＲ東海はどのように答えているのだろうか。アセス評価書の「事業者の見解」の中でこれらについての回答部分を見てみよう（意見の番号に対応）。

(1)、(6)　調査については文献、実地の調査により、動物相の現状を適切に把握できる範囲に調査地点を設定している。

(1)'、(2)　水環境の変化についても予測している。トンネル上部の沢の水位の影響はない。河川流量は事後調査を行う。

(3)、(8)　発生土置き場については、環境保全措置や事後調査を行った上で、場所に応じた処置を自治体に示していく。

(4)　(明確な回答は不明)

(5)　オオタカ、イヌワシについては、人工巣、事後調査などで対応する。ヤマトイワナやアカイシサンショウウオは確認されていない。

(6)　ハビタットの縮小、消失は定量的に把握しており、ハビタットの変化や分断なども予測している。

(7)　道路は露頭部とは反対方向であり、当該場所の改変もないので、選定項目から外した。

おおむね、以上のような回答である。一言で言えば、推進協議会の意見に対して真摯に回答しているとは思えない。科学的根拠などは論外で、指摘される動物についても確認されていないという回答である。たかだか四季一週間の調査で、確認されていないなどと断言してよいはずがないであろう。

なおアセスの手続きを遂行するＪＲ東海の態度として、「手続きさえすませれば何ら問題はないという考え方」が指摘できるように思われるが、それがかいま見える例として、アセスの住民説明会のあり方について付言しておきたい。

事業者ＪＲ東海はアセスを実施していた期間、各地で住民説明会を催した。その住民説明会の状況を、各地の情報を総合してまとめてみると、およそ次のような諸点において共通している。

(1) 約二時間の説明会の時間で、二〇〜三〇分ＪＲ東海の説明があり、残りの時間が質疑応答にあてられる。

(2) 二時間が経過すると、ほとんどそこで質疑は打ち切られる。挙手しても受け付けられない。

(3)　質問者は三問まで許され、再質問はできない。

この手法では、事業者と住民の間において、熟した議論は成立し得ない。とくに再質問ができないために、住民側は不明な部分を残したまま説明された形になってしまっている。

また山梨県甲府市の説明会で、二八六kmものアセスを三年でやるのは無理ではないかという質問に対して、事業者からは、法律に従ってやっている、との回答が返ってきた例がある。

こうした事例に即して考える限り、アセスは法律上必要な手続きだからやっているにすぎないものとして捉えられていると言え、そこには本当に自然環境をできる限り保全しようとする態度や姿勢はほとんど見ることができないと言わざるを得ない。

以上、知事意見や推進協議会の意見とJR東海の回答とを照合して考えてみると、おおよそ事業者のアセスは手続きにすぎず、法的に決められている手続きさえすませればなんら問題はないという考え方が映し出されており、およそそこに自然環境を保全しようという強い意志は感じることができないのである。つまり南アルプスの自然やエコパーク登録の持つ意味は、ＪＲ東海のリニア新幹線建設という行為や目的の埒外にあったと言わざるを得ないのであって、南アルプスのエコパークとしての存立は今後困難をきわめていくように思われる。以下にそれについて分析する。

第五章

リニア新幹線は南アルプスのエコパーク登録に何をもたらすか

1▼エコパーク登録の抹消はあり得るか

第一章から第四章にわたって、南アルプスの自然環境の特徴や秀逸性、及び現状について述べ、さらにリニア新幹線計画の、南アルプスにとって最も重要なアセスの実態を概述してきたが、ではこうした現状とリニア計画を比較勘案すると、今後どのような問題が生じ、どのような事態に進展することになるのかについて、その見通しを考えてみたい。

環境省はコンサルタント、ティルマン・イエーガー氏が二〇一四年一二月に記した「自然遺産・生物多様性報告書」「平成二六年度世界自然遺産候補地詳細調査検討業務報告書」の「南アルプス」の項目の中の、リニア新幹線問題に触れた次のような文章をそのホームページに掲載している。

> 明確な境界のある範囲が示されていないので詳細なコメントはできないが、視察中に現在の、または将来的に可能性がある多くの保全上の課題について話を聞いた。

その中には南アルプスを通過する可能性があり、論争の的となっているリニア中央新幹線計画がある。路線の大半は地下であるが、建設工事・維持管理・安全管理のための新規道路建設の影響や、工事中のかく乱、掘削に伴う大量土砂の運搬・保管の課題、建設に伴う水系への影響などが懸念されている。

これは南アルプスがすでに六カ月前にエコパーク（正式には「生物圏保存地域」）に登録され、なお将来的には世界自然遺産への登録を目指しているという状況の中で、ティルマン・イエーガー氏がリニア新幹線による懸念を表明している部分である。世界自然遺産とエコパークとの相違、関連性については既述のとおりだが、この中で氏が懸念されているのは、工事中に発生するであろう諸問題と、工事の結果惹き起されるであろう問題の二つの分野に渡っている。そしてそれは私たちがこれまでに主張し続けてきたこととほとんど重なり合うのだが、とりわけ発生土の処分と地下水系に端を発する水系への影響は、最も重要な二点である。

まず発生土の問題から述べておきたい。南アルプスのトンネル発生土が南アルプスエコパーク登録の問題と緊密に関わると思われるのは、南アルプス山中に発生土が処分される静岡工区の処分地問題であろう。当初同区の発生土は、扇沢《おうぎさわ》をはじめとする七個所を処分地とすることでリニア新幹線建設計画は認可処分を受けたのだが、その後計画地の変更が行われ、発生土の九七％が燕沢《つばくろさわ》に集中することになった。従って認可処分から言えば、燕沢は大幅に予定変更された処分地ということになる。

さてこの燕沢には絶滅危惧種の蝶のオオイチモンジの幼虫の食樹があるドロノキが存在する。従ってここに大量の発生土が処分されれば、オオイチモンジの生態は決定的な損傷を受けること、必定であろう。また、燕沢には広大な落葉松林があるが、処分地として活用するためにこれが伐採され、高さ六〇ｍ以上もの発生土が積まれることになる。大井川源流部に当たる燕沢にそのような発生土の処分地が出現すれば、該地の景観は台無しになるであろう。また発生土処分地は地滑りが大井川に達しているような脆弱な地盤の地であり、従って大地震等による発生土の崩壊の危険性や大井川の水量の増大による発生土の流出等が予想され、そのことによって土石流の発生なども予測される。燕沢はエコパークの移行地域内に位置するのであるから、こうした生

2019 年台風 19 号で荒れ果てた燕沢（2019 年岩崎強氏撮影）

物相や景観の損傷や発生土の孕む危険性は、エコパークとして南アルプスが存続していく上で、大きな負の要素となることは必定である。

それでは以上の問題が、エコパークとして存続する上で、どのような障害となり今後検討されることになるか、具体的に指摘してみよう。

まずドロノキ、オオイチモンジ等の生態系や生物種に関する点である。生物圏保存地域世界ネットワーク定款（以下、定款）は、

(1)「生物多様性の保全と生物多様性の構成要素の持続可能な利用の実現」（二条二項）を定めているが、まずこれに違反する。

次に、

(2)「景観、生態系、生物種、遺伝的多様性の保全に資する」（三条(i)項）との定めにも違反する。

さらに、

(3)「生物多様性の保全の観点から重要度が高いこと」（四条二項）との基準から外

燕沢残土置き場予定地の現状（2015 年林克氏撮影）

れることにもなる。

従ってドロノキ、オオイチモンジ等に与える損傷的影響は、定款のこれらの定めに違背することになる可能性がきわめて高いであろう。

次に発生土処分地の燕沢の景観の問題である。高さ六〇m、幅三〇〇mの発生土が七〇〇mにわたってうず高く積まれることは、大井川源流部の自然景観を根底から壊すことは言うまでもない。それは伐採前の落葉松林の景観と対比して想像すれば、十分に納得されることであるが、この景観破壊が前記の(2)の定款三条(i)項に違反することは当然のことである。すなわち景観の保全に資するどころか、景観の破壊を尽しているることを誰しもが認めざるを得ない事実であろう。

最後に大井川の土石流を含む土砂流出の危険性の問題について述べたい。前述のとおり、発生土の崩壊や流出は、下流域住民の生活や生命を脅かす可能性を多く含んでいる。そもそもエコパークは、自然遺産とは異って、人間と自然との共生関係を創造し維持する場としての性格が色濃い。そのために定款は、

(4) エコパークの社会的文化的に持続可能な形での経済発展と人づくり(三条(iii)項)という「機能」を定め、

さらに「基準」として、

(5) 人間の介入が漸次的に行われて、生態系がモザイク状になっている部分があること(四条一項)

(6) 移行地域では持続可能な資源管理活動が促進・展開されていること(四条五項c)

(7) 緩衝地帯では保全目標と両立する活動のみを行うことができること(四条五項b)などが定められている。

従ってもし緩衝地帯における発生土の崩壊と流出が起り、移行地域にそれが及ぶとなれば、当然のことながら上記(5)(6)(7)の基準は根底から崩され、それを満たさなくなることはまちがいない。つまり発生土の問題は、大井川流域全体に関わるものとして、改めて検討する必要が生じてくる。

このように大井川源流部の燕沢にうず高く積まれる発生土は、そこに処分されることと自体が孕む問題と、事後の危険性という問題の二点において、南アルプスのエコパークとしての存続を常に危うくするものであることを指摘しておかねばならない。

次に水問題について述べたい。トンネルを掘れば必ず地下水に多大な損傷を与えることは、これまでの経験則として常識化されている。現に山梨県におけるリニア実験線のトンネル掘削によって、複数個所の地下水の分断が起っており、トンネル掘削の距離が長ければ長いほど地下水への影響は大きくなる。地下水の分断の影響は、地表へのものと周辺河川へのものと二つの側面に表われ、リニア実験線の該地においては、前者は大型獣（イノシシ、シカ）の水飲み場やいわゆるヌタ場（沼田場、イノシシが体に泥をこすりつける場所）の消失となって表われ、後者は井戸や河川の水の枯渇、または逆に突発的な湧水となって表われている。

従ってこのような知見からして、南アルプスに二五kmにも及ぶ長大なトンネルを掘れば、水がめとも言われる同山脈の地下水は多大な損傷を受け、その影響や被害は甚大なものになることが予想される。そしてその最も顕著な形でそれが現実化するのは、早くにＪＲ東海が大井川水系の減水という点で予告していた静岡工区におけるトンネル掘削のケースであろう。そこで以下に静岡工区のトンネル掘削と水系の問題に絞って述べたい。

二〇二〇年七月一六日に、国交省が設置した有識者会議において、ＪＲ東海はトンネル本坑周辺の地下水の水位が三五〇m以上低下することを、突如明らかにした。三五〇m以上であるから上限はこれ以上の長さになるということと解されるが、環境アセスメントでは一言も触れていなかったこの水位低下問題を、アセス事後のしかも着工を目前にしたこの段階において明らかにした行為は作為的であると言わざるを得ない。このような重要な予測的事実は、当然アセス段階で検討されねばならない問題のはずであるが、その手続きを省いたのはアセス段階でこの事実を公表すればアセスの手続きが三年で終らず、全体の事業スケジュールに影響を及ぼしかねないというＪＲ東海の判断があったと考えてよいであろう。いずれにしても、ＪＲ東海の事業者と

荒川岳付近の花畑と登山道から望む赤石岳（Microsoft Bing フリー画像）

しての誠意が著しく疑われる事件である。
　さて以上を前提とした上で、上記の地下水位の低下は南アルプスの生態系、（動物相、植物相）にどのような影響を与えるのかを検討したい。
　まず減水や水質汚濁、水温変化によって、ヤマトイワナやカジカ、さらにアカイシサンショウウオ（絶滅危惧種）などへの影響が考えられる。これらの諸生物は自然度の高い環境の中で生息しているがゆえに、自然環境の急激な変化にはいっそう影響を受けやすいと思われる。減水対策として強アルカリ性のコンクリート吹付などが実施されれば、被害はさらに拡大するであろう。

また荒川前岳は一〇〇mの水位低下が予想されており、該地が高山植物群生地すなわち「お花畑」をふくむ南アルプス国立公園特別保護地点に属していることからすれば、その「お花畑」への影響も考慮に入れておかねばならない。一般的に言って、稜線斜面の地表に点在する「お花畑」は、不透水層の上部に堆積した透水層である不圧帯水層（自由地下水）によって保持されているが、水脈によっては被圧帯水層の地下水位低下と連動することもあり得ると言え、その場合には当然「お花畑」の損傷という事態も生じかねない。もしそうした事態に立ち入れば、エコパークの核心地域に属するこの荒川前岳の「お花畑」は、エコパークの構成要素として重大かつ決定的な損傷を受けることになり、エコパーク指定の取り消しという問題に発展する可能性も十分にある。

なおこの地下水位の低下問題について、静岡県は難波副知事名で二〇二〇年八月一三日、この問題についての「静岡県の考察」として次のような見解を示している。

(3) 地下水位の低下の影響…環境影響評価手続きの中で未提示の問題

生態系は一つのバランスの中で維持されている。ある場所の地下水位の低下は、その場所だけの影響にとどまらず、その地域の生態系全体に影響を及ぼす可能性がある。

地下水の影響範囲のマップが初めて示されたが、生態系への影響は渓流の沢の部分だけでなく、高山部分まで及ぶ恐れが出てきた。これは二〇一四年四月の環境影響評価書においては全く提示されていなかった。今までの環境影響評価手続きの中で議論されていなかった新たな課題が出て来たと認識している。

仮に地下水位が三〇〇m以上低下した場合、さらに、JR東海が推定するような同心円型のものではなく、断層に沿って南北方向に延びた場合には、その低下範囲は南アルプス国立公園の特別地域、特別保護地区にさらに広く及ぶことにより、生態系への重大な影響が懸念される。

また二〇二〇年一一月二七日に開催された静岡県の中央新幹線環境保全連絡会議に

おいても、地質構造・水質源専門部会の委員である大石哲神戸大学都市安全研究センター教授・静岡県河川審議会会長（専門分野水工学）から、地下水位低下問題に関連して以下の発言があった。

地下水位低下で森林状態が変化し、深層崩壊や崩落を招く危険性がある。

いずれも地下水位の低下が生物多様性に対して重大な危険性を孕むものであることを示唆する重要な指摘である。

なおこうした生態系の変化や損傷を軽減するとの目的で「移植」が行われることがあるが、この「移植」によって生態系が維持されることはまずない。それは水質や日照、土壌などが異なるため、ほとんど成功した試しがなく、期待は水泡に帰すことになる。従ってこれに対する対策はないと言ってよいであろう。

一方、景観問題として付言すれば、ＪＲ東海が示した水位低下範囲図では、千枚岳一帯も一〇〇ｍの水位低下が予想されており、その直下の駒鳥池をはじめとする池や沼の神秘的景観は水の枯渇によって消失してしまいかねず、これも重大な損傷として指摘しておかねばならない。

さて以上の予測的事象が事実として現実化した場合、既述の定款との関係はどうなるのであろうか。

まず、すでに(1)として掲げた二条二項に定める〈生物多様性の保全とその構成要素の持続可能な利用の実現〉に違背することは明らかであり、また(2)の三条(i)項の〈景観、生態系等の保全に資する〉にも違反することが明白である。

さらに第四条の「基準」に定める次の第五項目の二項、すなわち、

(a) 生物圏保存地域の保全目的、また、これらの目的を果たせる規模を保全するという目的に沿った形で、長期的な保護の対象となる核心地域が法的に形成されていること。

(b) 緩衝地帯が明確化されており、(中略) ここでは、保全目標と両立する活動のみ行うことができること。

の条文に定める基準から外れる可能性を多く含むことにもなる。

そうした観点から見れば、リニア新幹線のトンネル掘削による南アルプスの大量の減水は、南アルプスのエコパークとしての存立を危うくさせ存続を揺るがす大きな契機を作ることになるであろう。ましてやそれに加えて、掘削による水質汚濁や水温変化が重なれば、事態はいっそう困難を伴うことになると言ってよい。

さて最後に大井川水系の減水問題について述べたい。この大井川の流域は源流部から中流域の川根本町までの全流域が、エコパークの移行地域に編入されている。そのことを前提として、以下に考察をすすめたい。

アセス評価書は大井川の源流において水量が毎秒二トン減少する可能性を認めているが、この水量は現流量の一六％強に相当している。

しかしながらこの毎秒二ｔという水量は、ＪＲ東海が、トンネル掘削時の恒常湧水量は周辺沢の基底流量に比例するという、いわゆる高橋裕氏の水文学的方法に依拠して算出されたものであるが、南アルプスの山容全体の問題には適用しにくい。それは恒常的な湧水の推定のための一手法にすぎず、破砕帯を多く抱える南アルプスの突発的な湧水は予測できないものとされ、アセス評価書にもその旨を注記すべきだとの批判がある。しかもそれに加えて、ＪＲ東海は本坑等のトンネル掘削工事で毎秒三ｔ弱の漏水の可能性を認めてもいる。

この大井川の水は、移行地域の川根本町をふくむ流域の住民約六二万人の生活用水、農業用水、工業用水として取水され、とりわけ移行地域の川根本町の茶葉の生産に従事する人々にとって、この大井川の水の減量は死活問題になると言っても過言ではない。これまでにも中部電力による大井川の取水は、大井川の急激な減水を招き、一九七一年の長島ダム建設計画を機に地元住民から大規模な「水返せ運動」が起った。それによって或る程度の水量の確保は実現できたが、しかし大井川の本来の川の機能は失われたままである。その苦難の歴史を胸に刻んでいる流域住民にとって、このリニアのトンネル掘削による大井川の減水は悪夢の再来と言ってよいであろう。

そしてその大量の減水が現実性を帯びているのは、山梨・静岡県境付近に畑薙《はたなぎ》山《やま》断層（破砕帯）が約八〇〇ｍ幅で存在し、この箇所のトンネル掘削工事によって、大量の地下水の流出が予測されているからである。そしてその流出量も、総量で言えばＪＲ東海は三〇〇万ｔとするのに対して、静岡市は五〇〇万ｔと予測し、その数値は倍

大井川の赤崩れ。後方の崩壊地から出た砂礫が大井川に注がれる（2019 年岩崎強氏撮影）

近くもの差異を抱えたまま現在に至っている。その中で唯一確実なことは、この区間の掘削工事が山梨県側から掘り進める「拝み工法」で行われるため、すべての流水は山梨県側にのみ流れることになり、静岡県側には一滴も戻らないということである。

くわえて長野工区においても、山梨工区の約四・七％にあたる約一〇万ｔの水の流出が想定されており、これも静岡県側に戻すことはできない。またトンネル内湧水の処理についても、ＪＲ東海は全量回復の見通しを示すことができずに現在に至っており、或る程度の量をポンプアップによって大井川本流に戻す案を提示しているが、その場合水量の消失問題にくわえて、地下水をいきなり本流に戻すことによる水温変化のために、魚類等への悪影響も問題視されている。

ところで工事による減水は、表流水だけでなく伏流水にも影響する可能性がある。今般明らかににされた地下水の三五〇ｍ以上の低下は、ＪＲ東海が大井川の伏流水への影響はないと否定しても、何ら科学的根拠と証明を伴うものではなく、また中・長期的展望に基づくものでもない。そして伏流水の減少が現実化すれば、流域の井戸水を生活用水とする住民、伏流水を利用している各種工場や日本酒醸造所などへの影響

南アルプス国立公園の位置

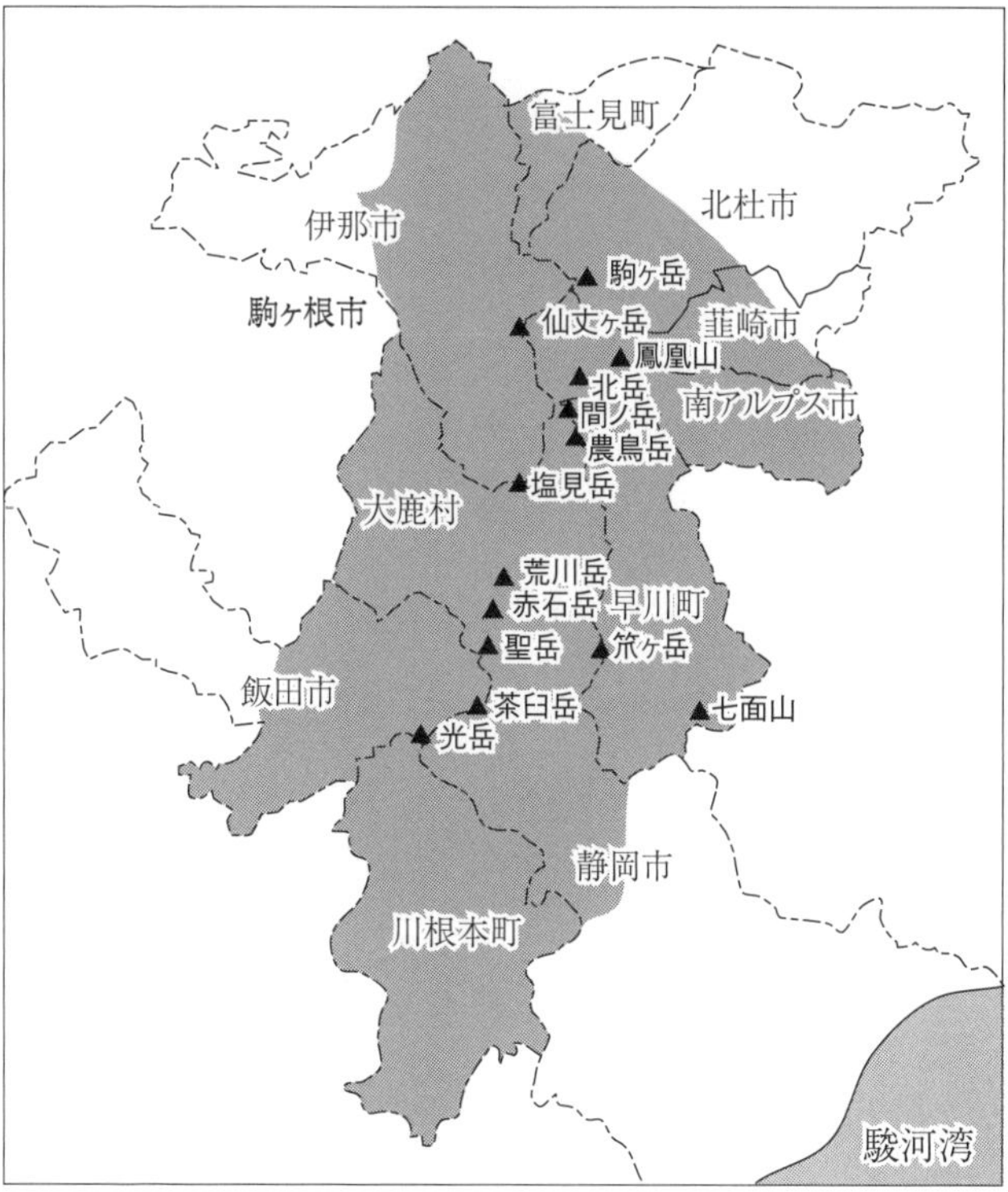

は必至である。従って表流水、伏流水いずれにおいても、エコパークの移行地域に属する川根本町をはじめとする住民の生活や産業と密な関係が築かれており、この関係性の中でエコパーク問題も考えられなければならない。

エコパークは世界自然遺産と異なり、当該地域と周辺の関係住民や自治体の関与のありようが一つの重要な登録の要素となっている。そのために定款第三条の「機能」の項に、

(ii) 経済と社会の発展―社会文化的に持続可能で生態学的にも持続可能な形で経済発展と人づくりを促進する。
(iii) 学術的支援―実証プロジェクト、環境教育・研修、保全と持続可能な発展に関する地元の問題、地域的問題、国内問題、世界的問題に関する研究・調査に役立てる。

という二項が明記され、エコパークのありようを明確に位置付けている。すなわち

この二項には「持続可能な形で経済発展と人づくりを促進する」とか「保全と持続可能な発展」といった文言が見られ、単に自然を守るのではなく、人や社会が関わりつつ、経済的発展を持続可能な形で促進することが求められているのである。

さらにくわえて、第四条の「基準」の項にも、

3．地域的規模で持続可能な発展に向けたアプローチを研究・実証できること

との一文が見られ、ここにも「持続可能な発展」という語が盛り込まれている。

このように見てくると、エコパークは人間が自然とどのように整合性を持って付き合い、いかに自然を損なわない形で人間や社会が発展していくべきか、という問題を実験、実証する壮大な場として規定されていると言ってよいであろう。

そうした観点からすれば、南アルプスをリニアがトンネルによって駆け抜け、そのために水質汚濁を伴う大量の減水を生じさせることは、明らかに上記の三項目に明記されている「持続可能な発展」を阻害するものであると言わねばならない。すなわち

リニア新幹線による南アルプスのトンネル掘削は上記の条文に違背するものと言わざるを得ず、本章の冒頭に引用したティルマン・イェーガー氏のリニア計画に対する懸念は、具体的にはこのようなものであったと言えるであろう。従ってリニア新幹線計画は、発生土の問題とこの水問題との二つの点において、南アルプスのエコパークとしての存立を危うくするものになることはまちがいないと断言できよう。

なお南アルプスは国立公園に指定されているので、当然自然公園法が適用されることになる。ここでは南アルプスのリニアによるトンネル掘削が、同法とどう関わるかを考えてみたい。

同法はその第一条に、「目的」として

この法律は、優れた自然の風景地を保護するとともに、その利用の増進を図ることにより、国民の保健、休養及び教化に資するとともに、生物の多様性の確保に寄与することを目的とする。

と定めている。一読してすぐに、この条文がエコパークの定款の、既述した「機能」や「基準」の項目のいくつかに合致していることが理解される。すなわちここでも、風景や生物多様性の保全、またその利用による人々の休養、教化などが重視されているのであり、従ってこれまで述べてきたことからも分るように、リニア新幹線のトンネル掘削は同法の目的に違反するものと言わざるを得ない。

そして第三条の「国等の責務」の一項及び二項においては、国や地方公共団体、事業者等が、「すぐれた自然の風景地の保護と適正な利用」や自然公園における生態系や生物の多様性の確保を旨とする施策を講ずること」の責務を負っていると規定されていることから、仮にリニア新幹線のトンネル掘削によって、南アルプスが何らかの損傷を受けた場合、この計画を認可した国は言うまでもなく、地方公共団体や事業者（JR東海）も、その責務の不全を同法によって問われることになる。

さらに国立公園は環境大臣の所轄であるから、環境大臣は国立公園内における次の各項の行為の許可権を行使することが同法第二〇条三項に定められている。すなわち

(1) 工作物の新築（ここではリニアのトンネルがこれに相当する）
(2) 木竹の伐採（すでに発生土置き場のための落葉松林の伐採が計画されている）
(3) 河川、湖沼の水位又は水量の増減（すでにこの恐れを詳述してきた）
(4) 高山植物の損傷（同右）
(5) 生息する動物の損傷（同右）
(6) 風致の維持に影響を及ぼす恐れ（同右）

等々であるが、すでに環境大臣は環境影響評価法に基づいてアセスを認可し、これらの行為を認めたことになっているのであるから、もしかりに(1)〜(6)の各項で重大な問題が生じた場合、当然環境大臣は本事業のアセスを認可した責任が問われると解されなければならない。

もっとも環境大臣は、本事業の環境影響評価書に対する環境大臣意見として、「本事業によって予測し得なかった変化が見込まれる場合は、その変化の状況に応じて評価項目の再検討や適切な環境保全措置を講ずること」の旨を述べていることからすれば、環境大臣自身も(1)～(6)等における重大な変化を危惧しているとも理解され、従ってそれに準じて環境大臣が施策を講ずるのかどうかも環境大臣の責務の一環として注視されねばならないであろう。

以上述べてきたとおり、リニアによる南アルプスのトンネル掘削は、エコパークの定款に違反するのみならず、国内法の自然公園法にも違反する可能性を孕んでいる。かりに自然公園法に違反し、エコパーク定款にも違反することが明らかになった場合、南アルプスのエコパーク登録はどうなるのであろうか。ここではその抹消の可能性をふくめて検討してみよう。日本自然保護協会の若松伸彦氏の御教示によれば、これまでエコパークからの撤退は、四五カ所に及ぶが、そのうちの主な理由は、一つは自然エリアに対して人間の関与がないこと、また一つは移行地域が未設定であることによっている。一方何か開発行為があった結果としての撤退ないしは抹消ということは前例がないとされている。また地域の住民や自治体が自然環境に対して無関心になり、自然の学習場所というエコパークの本来の目的が果されなくならない限り、エコパーク登録は継続されるとされている。

このリニア問題について言えば、ＪＲ東海に対して住民や地元自治体が戦ったり交渉したりして何らかのアクションを起こしている限り、エコパークの活動としては真っ当なものと評価され抹消されることはない。しかし一方、自治体がリニアの問題行為に対して見て見ぬふりをすることになれば、エコパークとして問題になるとも言われている。さらにかりにリニアが開通した場合、かつて自治体がアクションを起こしてＪＲ東海と交渉したのであれば、それはエコパークの学習の場としての維持の実験がうまくいかなかったことによる残念な結果であって、抹消されることはないということになる。そしてその場合、ＪＲ東海は国際的な評判を落とすということになるとされている。

問題はこの辺りにあると考えてよい。リニアの開発行為がすぐにそのままエコパーク登録の抹消に繋がるという事態は起こらない可能性が高いが、しかし恐らくエコパークにこのような大規模な開発行為が行われるということは、前例がないということからすれば、その開発行為によってもたらされる南アルプスのエコパークとしての自然環境の価値そのものが、エコパーク史上はじめて問われるという事態に立ち入ると考えてよいであろう。

そこでリニアの開通後のことを考えてみよう。既述のような損傷が南アルプスに起った場合、それは当然定款に定められるエコパークの生物多様性や景観の保全、及び持続可能な発展という「定義」や「機能」「基準」を外れることになる。そしておそらくそれはエコパーク史上、最初の事件として、ユネスコをはじめとする関係諸機関及び関係者に問題を提起することになるであろう。はたしてエコパークの定款から外れた南アルプスを、そのままエコパークとして登録を維持してよいものかどうかの議論が始まるにちがいない。私たちはその結果を推測する立場にはないが、そのことによって抹消の可能性を含んだ議論が展開されてもおかしくはない。そしてかりに南アルプスがエコパークとして登録が維持されることになっても、南アルプスのエコパークとしての評価は失墜するであろうし、ＪＲ東海及びリニア新幹線は、若松伸彦氏が指摘されたとおり、国際的な評判を落とすことになる。私たちは、少なくともいまそうした事態に立ち入らないように、努力を傾けねばならないはずであり、現在東京地裁に提訴しているリニアの「工事実施計画認可取消請求事件」（通称「ストップ・

リニア！　訴訟」）や、山梨県及び静岡県で提訴されている「工事差止請求事件」の訴訟もその努力の一環である。

2▼南アルプスのエコパーク登録を維持するために何をすべきか

最後に南アルプスの今後の自然環境をできるだけ現状の形で維持し、損傷を限りなく最小にするために、何をすべきかを述べてみたい。

今般の南アルプスへの大きなダメージの予測結果は、そもそも環境影響評価の余りにもと言ってよいほどの杜撰さから導き出されたものであった。未だ誰も試みたことのない南アルプスのトンネル掘削は、その軟弱かつ複雑な地質と、大量の地下水がその作業をきわめて困難にするであろうと予想されるにもかかわらず、ほとんど文献調査に基づいて、鉛直ボーリングはたった一本で終らせてしまったことに今回直面している事態の大きな原因がある。とすればいま最も必要なことは、アセスの不備を補って余りあるような十分な調査である。南アルプスの地質や地下水の現況をつぶさに調査し、その現況を正確に把握することに他ならない。そしてその結果に基づいてどのような対策を講ずれば、南アルプスがどの程度の損傷を蒙るにとどまるのかを、正確に予測することである。

ＪＲ東海は、エコパーク南アルプスにトンネルを掘削するに際し、恐らくかなりの時間と費用を要するであろう上記の作業を省略し、ＪＲ東海の社長が「トンネルは掘ってみないと分らない」と明言して駆け足で着工に至ったために、南アルプスの損傷に対する危惧は増大し、またその結果として大井川の水量問題がこじれて工事をストップせねばならない状態に陥ったのである。以上のような議論を前提として言えば、ＪＲ東海はそのアセスの不備を補うための補正的な作業の調査結果に基づいて、それを各分野の専門家・研究者らによって検討し議論した上で、今後の対処の方向性を導き出すべきであろう。

南アルプスの自然環境を、リニア通過後も現状の形で維持しようとするのであれば恐らく打つ手はこれしかない。そして調査結果の議論によって、南アルプスへの損傷が余りにも過大であり、南アルプスをエコパークとして登録し続けるには無理があるというのであれば、南アルプスのエコパーク登録を断念するか、リニア新幹線の路線のコース変更をするか、或いはリニア新幹線そのものを断念するしかないであろう。

私たちはＪＲ東海が未だに事態の深刻さに目を向けず、ただ大井川の水量の回復だけを考えて早期の着工を目指していることを危惧している。

おわりに

信州・黒姫山の麓で、三五年に渡り森の再生に取り組んできた故C・W・ニコル氏（環境保護活動家・作家）が、あるテレビ番組の中で次のような発言をされていた。

「自然が国である。自然が国を造っている。森を流れる川は国の血管であり、血管が絶たれれば森が消え国が衰える。」

日本の国土面積は小さいものの、コンパクトな中にも稀有で多彩な自然を有している。リニア新幹線のルート上にある南アルプスにも、世界的に貴重な動植物の種が多数存在している。

南アルプスは国立公園でもあり、エコパーク登録もされている。その地下に巨大なトンネル構造物を構築することは、南アルプスの血管を壊し、森を壊し、国が衰えることになりかねない一大事態である。国には「自然遺産を守る義務」がある。そしてそれは国民の協力なしには成し遂げることができない。それにもかかわらず一企業の利益と、鉄道の高速性のためだけにその両方を放棄して認可した。なぜ守るべき国の自然遺産を見放すのであろうか？

私たちは日本の中心にある貴重な山岳の自然を守る義務を、ひいては国の「自然遺産を守る義務」への寄与を負っている。そして、さらに「自然を守る権利」もある。「ストップ・リニア！訴訟」の中で、私たちは自然破壊に関しても強く問うてきた。そして今回、さらに深く南アルプスの自然の重要性とエコパーク登録の意味を考えてもらうためにこの冊子を編んだ。南アルプスをはじめとするリニア新幹線の沿線周辺の自然が永く受け継がれていくことを願っている。

なお、本書をなすにあたり、塩坂邦雄氏のご教示をいただいた。また、宗像充氏、岩崎強氏、竹本幸造氏、林克氏から写真を、加地章郎氏から標高一覧を提供していただいた。記して謝意を表したい。

二〇二一年三月一日

著者一同

〔参考文献〕

本書を作成する上で参考とした主要な著作物は以下のとおりである。

(1)『南アルプス学術総論』（南アルプス自然遺産登録推進協議会・南アルプス総合学術検討委員会、二〇一〇・三）

(2)『南アルプスユネスコエコパーク管理運営計画』（南アルプス自然環境保全活用関連推進協議会編、二〇一七・五）

(3)『南アルプスユネスコエコパーク管理運営計画』《静岡市域版》中期実行計画、二〇一九年度〜二〇二二年度（静岡市、二〇一九・三）

(4)『南アルプス学・概論』（静岡市、二〇〇七・三）

(5)『南アルプス学・概論』〈改訂版〉（静岡市、二〇一〇・三）

(6)『平成二七年度南アルプス環境調査　結果報告書』動植物調査（静岡市環境局環境創造課、二〇一六・三）

(7)『世界遺産条約履行のための作業指針』（ユネスコ・世界の文化遺産及び自然遺産の保護のための政府間委員会、文化庁仮訳、二〇一八・一二）

(8)『南アルプスをリニア新幹線が貫くと』（松島信幸『日本の科学者』二〇一四・一〇・日

本科学者会議編、本の泉社）
(9)『日本の屋根に穴を穿つリニア新幹線計画』（松島信幸『環境と公害』VOL四九、二〇一九・七　岩波書店）
(10)『崩れ』（幸田文『幸田文全集、第二一巻、一九九六・八　岩波書店）』）
(11)「訴状」（「リニア中央新幹線静岡県内工事差止請求事件」二〇二〇・一〇・三〇、静岡地裁に提出済）

[著者紹介]

「ストップ・リニア！訴訟原告団」南アルプス調査委員会

春日昌夫（かすが　まさお）長野県大伊那郡
飯田リニアを考える会事務局
〔連絡先〕mail@nolineariida.sakura.ne.jp

川村晃生（かわむら　てるお）山梨県甲府市
ストップ・リニア！ 訴訟原告団長
〔連絡先〕TFL055-252-0288

楠原美鶴（くすはら　みつる）山梨県北杜市
ストップ・リニア！ 訴訟原告団・山梨事務局
〔連絡先〕liyamajimukyoku@yafoo.co,jp

芳賀直哉（はが　なおや）静岡県静岡市
ストップ・リニア！ 訴訟・静岡事務局
〔連絡先〕ahnhaga@gmail.com

リニアが壊《こわ》す南《みなみ》アルプス――エコパークはどうなる――

2021年4月10日　初版第1刷発行　　定価900円＋税

編著者　「ストップ・リニア！　訴訟原告団」南アルプス調査委員会
発行者　高須次郎
発行所　緑風出版 ©
〒113-0033　東京都文京区本郷2-17-5　ツイン壱岐坂
［電話］03-3812-9420　［FAX］03-3812-7262
［E-mail］info@ryokufu.com
［郵便振替］00100-9-30776
［URL］http://www.ryokufu.com/

装　幀　斎藤あかね
制　作　R 企 画　　印　刷　中央精版印刷・巣鴨美術印刷
製　本　中央精版印刷　　用　紙　中央精版印刷・巣鴨美術印刷　　E1500

Printed in Japan　　ISBN978-4-8461-2107-5　C0036

◎緑風出版の本

■全国どの書店でもご購入いただけます。
■店頭にない場合は、なるべく書店を通じてご注文ください。
■表示価格には消費税が加算されます。

危ないリニア新幹線

リニア・市民ネット編著

四六判上製
二七八頁
2400円

リニア新幹線計画が動き出した。しかし、建設費だけで5兆円を超え、電磁波の健康影響、トンネル貫通の危険性、地震の安全対策、自然破壊など問題が山積みしている。本書は、それぞれの専門家が問題点を多角的に検証する。

総点検・リニア新幹線

リニア・市民ネット編著

A5判変並製
一六八頁
1400円

リニア新幹線が着工した。膨れあがる建設費、トンネル貫通工事の膨大な残土処理と自然破壊、莫大な電力消費など、問題山積のままだ。しかも、時間短縮や地域振興もあやしい。本書は問題点を総点検、不要で無謀であることを立証。

バイオパイラシー
グローバル化による生命と文化の略奪

バンダナ・シバ著／松本丈二訳

四六判上製
二六四頁
2400円

グローバル化は、世界貿易機関を媒介に「特許獲得」と「遺伝子工学」という新しい武器を使って、発展途上国の生態系を商品化し、生活を破壊している。世界的に著名な環境科学者である著者の反グローバリズムの思想。

朝日連邦の自然と保護

石川鉄也著

四六判上製
一八四頁
1800円

朝日連邦は山岳景観美に加え、豊かな生態系を有している。しかし、広大なブナ林が伐採され、大規模林道が建設され始めた。また、ダムが建設され、山村集落が消滅してゆく。本書は、現地を長期間取材したジャーナリストが総括する。